外国語学習での
暗示的・明示的知識の役割とは何か

鈴木 渉・佐久間 康之・寺澤 孝文 編

Implicit and explicit knowledge in
foreign language learning

大修館書店

はじめに

　規則を知っていても使えないというのは，多くの日本人英語学習者に共通する悩みではないだろうか。たとえば，この本を手にしている方々は，「主語が三人称単数現在の場合，動詞に -s/es を付ける」という英語の規則を知っている。にもかかわらず，話すことに夢中になると，"He play badminton.", "She live in Washington, D. C.", "Mark like Pikachu." と，-s を付け忘れてしまうことがあるのではないだろうか。一方，規則を説明できないのにもかかわらず正確に話せるケースもあり不思議でもある。たとえば，多くの小学 6 年生は，英語の疑問文における倒置の規則を知らないのにもかかわらず，英会話で，"What color do you like?", "What would you like?", "Do you like soccer?" と正しく発話することができる。このような現象を様々な視点で説明することは可能だが，本書では，第二言語習得研究（Second Language Acquisition Research，以下 SLA とする）の明示的知識（explicit knowledge）と暗示的知識（implicit knowledge）の観点から解説する。簡潔に述べれば，明示的知識は言語（英語）の規則の存在を意識して使用される知識であるのに対して，暗示的知識はその存在を意識せずに使用される知識である。話すことに必要とされるのは後者であるとされている。上述の例で言えば，明示的知識はあるものの暗示的知識はないため，主語が三人称単数現在の際に動詞に -s/-es を付け忘れるということになるのである。また，明示的知識はないが暗示的知識があると考えられるため，小学生が正しく英語を使うことができるということになる。さらに，母語や大量の外国語（英語）のインプット，アウトプットおよび周囲からの明示的かつ暗示的フィードバックを受ける言語環境を担保できる場合，明示的知識は自動化され暗示的知識が言語運用の中心となると考えられるため，早期からの英語学習者（小学生）は正しく英語を使うことができることになる（第 3 章を参照）。
　明示的知識と暗示的知識の区別は，現在の SLA で最も中心的な話題の 1 つである。たとえば，指導の効果は明示的知識と暗示的知識のどちらに現れるのか，どのような指導を行えばどちらの知識の習得により効果的な

のかという研究が盛んに行われてきている（e.g., Ellis, Loewen & Erlam, 2006; Granea & Yilmaz, 2019）。また，意識や意図を伴わない子供の言語（母語）習得のようなことが大人の第二言語習得にも可能なのかを検証するために，無意識的な学習の結果として暗示的知識の習得が本当に可能なのかを検証する研究者も多い（e.g., Godfroid, 2016; Williams, 2005）。さらに，どのようなテストがどちらの知識をより正確に測定しているのかに関する研究も数多く行われている（e.g., Ellis, 2005; Y. Suzuki, 2017）。これらの研究をまとめた類書（N. Ellis, 1994; Ellis, Loewen, Elder, Erlam, Philp & Reinders, 2009; Rebuschat, 2015）やレビュー（Ellis, 2004; Rebuschat, 2013）も徐々に見られるようになってきた。

このように，明示的知識と暗示的知識の区別は SLA の中心的課題であるが，同時に，問題もいくつか抱えている。たとえば，日本人の英語習得を扱った研究が少ないこと，研究対象が文法習得に限られていること，個人差や情意に関する研究がほとんどないこと，近接領域（たとえば，認知心理学や脳科学）の最新の手法を取り入れた研究が少ないこと，などである。本書の目的は，これらの問題点を網羅し，科学的証明を行うことにある。

本書は 3 つのパートからなる。最初のパートは，明示的知識と暗示的知識に関する概説である。第 1 章は，認知心理学における明示的知識と暗示的知識の基盤である顕在記憶と潜在記憶についての概説である。第 2 章では，第二言語習得研究に基づいて，明示的知識と暗示的知識の関係や言語習得における役割等が概説されている。2 つめのパートでは，英語教育や日本語教育に基づいた研究を紹介している。たとえば，小学生，中学生，大学生の明示的・暗示的文法知識に関する章（第 4, 5, 6 章）や，第二言語の語彙に関する明示的・暗示的知識に関する章（第 3 章）がある。最後のパートは学際的研究で，認知心理学者による章（第 7, 8 章）と脳科学者による章（第 9 章）がある。

本書の作成にあたっては，JSPS 科研費 JP15H03222，JP15KK0034 の助成を受けた。本書の出版は，様々な方々の協力なしには実現しなかった。各章の執筆にあたっては，まず，明示的知識や暗示的知識に関する研究を国内外の学術雑誌や書籍で発表しておられる英語教育や第二言語習得

の専門家にお願いをした。さらに，英語教育は専門ではないが，認知心理学や脳科学を専門として第二言語習得にも関心のある先生方にも参画していただいた。教育や研究で多忙な中，執筆をして下さった先生方には感謝を申し上げたい。また，齋藤玲氏と谷口未来氏には原稿を通読してもらい，日本語を中心に様々な点を見ていただいた。最後になるが，本書の企画から出版まで快諾していただいた大修館書店の小林奈苗氏には大変お世話になり，ここに記して衷心より御礼を申し上げる次第である。

　本書は，英語教育研究者，認知心理学者，脳科学者による学際的な内容であり，第二言語習得における明示的知識と暗示的知識の役割の解明の一翼を担うことができれば，幸いである。

目次

第5章
中学生の文法知識はどのように発達するのか？（酒井英樹）·················· 65

第8章
語彙力は知らない間に伸びていく？
──マイクロステップ計測法による潜在記憶レベルの語彙学習

外国語学習での
暗示的・明示的知識の役割とは何か

第1章　認知心理学における顕在記憶・潜在記憶の研究
——明示的知識と暗示的知識の記憶基盤

1. はじめに

1. 1　いくつかの面白い話

　本章のテーマについてどのように書こうかと考えていたら，私が知人や友人から聞いた3つの話が思い出された。記憶と意識の関係を考察する場合に，とても面白い話だと思うので，まずはその話を紹介しよう。

　Aさんは，ある地方のお寺の1人息子として生まれ，小さい頃から父の住職の仕事のお手伝いをしていたので，中学生の頃には大抵のお経は唱えることができたそうだ。お盆で檀家を回る時も何も考えずに唱えることができた，というよりもよく他事を考えながら，口からはお経がとうとうと出てきたそうだ。しかし高校生になって，お経の意味に興味を持ち勉強し出すと，このお経はこういう話で，ここから別の話になるとか，ここが重要なポイントを述べているところだとか，いろいろなことがわかってきた。そうした時，いつものようにお経を唱えていると，突然，頭が真っ白になり次の文言が出てこなくなることが，たびたびあったそうだ。

　それまでは完璧に唱えられ，何の問題もなかったのに，その意味を勉強したために，時々お経が途切れてしまうようになったという話である。

　Bさんは，自分の娘の話をしてくれた。仕事の関係で家族と外国暮らしをしている時，その娘さんは生まれ，小学校へあがる頃，一家で帰国，日本の学校へ入ったそうだ。そして中学へ入学し，英語の勉強が始まり，小学校へ入るまでは，家庭外ではごく自然に英語を使っていたので，親としては中学での英語の成績は良いだろうと期待していた。しかし，一向にその気配はなく他の生徒と何も違わなかったそうだ。そして高校生になっても，幼児期の英語の経験の効果はなかったが，高2になり英会話の部活に参加するようになると，徐々にその効果が現れ始め，高3の頃にはそのサークルでは群を抜いて会話能力が上達したそうだ。

　要するに，小さい頃の経験の効果が，10年後にやっと現れたという話

である。その現れ方は，学校の勉強ではなく，たまたま入ったサークルで花が開いたということであった。

　Cさんは，大学生の時1年間の海外留学を経験し，その後，英検1級にも合格したという大変英語の得意な中年の男性である。仕事は英語とは無関係であるが，頻繁に外国に行き，外国人の友人も多い。ある時，彼はしみじみと言った。「最近，学校で学んだ英語が邪魔に感じることが時々あるんだよね。」　学校で学んだ日本語訳や文法の知識，また英語を話しているのにその内容の日本語の概念が邪魔になるということのようだ。筆者は，これは真の外国語学習にとって根本的な問題点だと思った。

1．2　記憶理論からの解釈

　上記の3人の話を，記憶理論から認知心理学的に解釈してみよう。現在，多くの認知心理学者が認める記憶の1つの分類に，エピソード記憶（episodic memory），意味記憶（semantic memory），手続き記憶（procedural memory）という3つの記憶の分類がある。この分類法は，複数記憶システム説といわれている。

　エピソード記憶とは，経験の記憶で，昨夜何を食べたとか，20歳の時に初めて外国旅行したとか，中学生の時〇〇先生からこういう話を聞いて感動したというような，自身のこれまでの経験の記憶である。この記憶の特質は，「いつ，どこで」という時空間的な記憶内容が含まれ，かつ自己との関連が含まれていることである。

　意味記憶とは，言葉の意味や種々の概念・観念，あるいはモノ・コトに関する種々の情報など，いわゆる知識の記憶である。意味記憶には，エピソード記憶の基本的な要素である時空間的な要素も自己との関連も含まれていない。いわばエピソード記憶の時空間的要素や自己的要素がなくなり残った内容が意味記憶と言える。平たく言えば，「〇〇を覚えている」というのはエピソード記憶で，「〇〇を知っている」というのは意味記憶である。学校で学習することや，辞書や百科事典に書いてあること，あるいは自己の経験から抽象化した一般的知識など，すべて意味記憶である。

　手続き記憶とは，泳いだり，自転車に乗ったり，暗算をしたり，母語を使ったりする時に働くスキルのようなものである。行動・運動・動作的なものから感覚・知覚・記憶・思考などの認知的なものまでいろいろな手続

きが考えられる。すなわち一連の認知活動様式（情報処理の仕方）の記憶であり，無意識的自動的に機能する記憶である。泳ぎ方を言葉で説明することができればそれは意味記憶であり，その意味記憶があっても実際に泳げるとは限らない。泳ぐには，手続き記憶が必要なのである。

　この3種の記憶分類から，前述の3人の話を考えてみることにしよう。

　Aさんが何も考えないでもお経が唱えられるというのは，手続き記憶が働いているからである。そしてお経の意味を勉強して得た知識は意味記憶である。もちろん勉強するという行為の経験は，エピソード記憶であるが，その内容は意味記憶としても残る。読経の途中で突然，頭が真っ白になるという現象は，意味記憶が手続き記憶に干渉したためだと考えられる。手続き記憶は無意識的認知活動であるが，そこに意味記憶という意識が干渉することにより，本来の自動的な認知活動が止まってしまい，頭が真っ白状態になったと解釈される。これは，スポーツ選手が不調に陥り考えすぎると，今までできたことが一時的にできなくなってしまうようなことと，同じ認知的メカニズムであると考えられる。

　Bさんの話においては，学校での英語の勉強はエピソード記憶と意味記憶による出来事であるが，英会話能力の主な要素は手続き記憶であるという違いがあり，その両者の間で相互作用がなかったのではないだろうか。Bさんの娘さんの幼児期の英会話能力はその年齢で完成しており，その幼児期と同じような心理的物理的状況が高校時代のサークル活動でたまたま生じたために，幼児期の手続き記憶による能力が活かされたのであろう。受動的な学校の勉強と能動性が重視される会話能力の上達とでは，異なる学習が行われていると解釈できる。

　Cさんの「学校で学んだ英語の知識が邪魔になる」というのは，意味記憶が手続き記憶に干渉するという点で，Aさんと似た解釈ができる。Cさんのスピーチは，一見ネイティブ・スピーカーと同じようであるが，彼が言うにはスピーチ中に日本語での概念が浮かんだり，日本語での文法的な知識が意識されたりして，流暢にスピーチができないことがあるそうだ。意味記憶による手続き記憶への干渉として解釈できないだろうか。

2. 顕在記憶と潜在記憶

2. 1　潜在記憶の存在の発見——プライミング実験

　記憶の分類について，エビングハウス（Ebbinghaus, 1885）が科学的記憶研究を始めて以来，今日までの記憶研究史を見てみると，最初は今で言う「エピソード記憶」が記憶研究の主な対象であった。その後，1950年代のコンピュータの出現と共に記憶の情報処理的な考えが生まれ，認知心理学の隆盛時代がやってくる。その頃，タルヴィング（Tulving, 1972）は，記憶をエピソード記憶と意味記憶に分け，「意味記憶」も研究対象とするよう提案をした。そしてタルヴィングら（Tulving et al., 1982）の実験的研究を契機として，潜在記憶（implicit memory）の存在が認められ，研究が活発化した。潜在記憶とは，顕在記憶（explicit memory）に対峙する記憶で，想起意識（思い出しているという意識）のない記憶である。顕在記憶とは，再生テストや再認テストで測定される想起意識のある記憶であり，私たちが日常的に使う記憶という言葉のことである。

　これまでの研究は，意識可能なエピソード記憶や意味記憶に限られていたが，本人も自覚のない無意識的な記憶，すなわち潜在記憶も，実験的アプローチで実証できるようになったのである。

　そのタルヴィングらの研究は，言葉を用いた直接プライミング（direct priming または repetition priming）の実験であった。日本語を例にした直接プライミング実験の説明図を図1に示す。

　なおプライミングとは，先行刺激の受容が後続刺激の処理に無意識的な影響を与えることである。その影響のプロセスは自動的な認知処理過程である。影響には，条件によりポジティブとネガティブがある。また実験での先行刺激と後続刺激は，関係のない別々の課題として実験参加者に与え

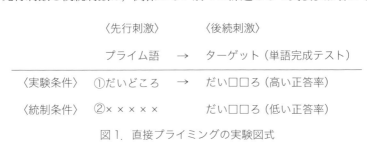

図1．直接プライミングの実験図式

られる。そしてその課題間の時間（期間）は，数秒，数分から数年まで，実験によりいろいろな条件がある。

　プライミングには，直接プライミングと間接プライミングがあり，前者はプライム語とターゲットが同じ場合，後者は異なる場合を言う。

　図1においてプライミングとは，先行刺激としてのプライム語（「だいどころ」）の提示が，後続刺激としての単語完成テスト（「だい□□ろ」）の成績にポジティブな影響を与えることを言う。単語完成テストとは，一部を消した単語の□に適切な文字を入れて単語を完成させるテストである。①の「だいどころ」を提示する実験条件の方が②の何も提示しない統制条件より，単語完成テストの正答率が高いことが予測され，この両条件の差をプライミング効果と言う。この実験図式で大切なことは，プライム語を提示する際に，「後でテストするから覚えて下さい」という教示をしないことである。プライム語の提示を，実験参加者にとって記憶課題と思わせないことが大切である。実験参加者が記憶課題ととらえてしまうと，次の単語完成テストにエピソード記憶が影響することになってしまうからである。また単語完成テストを与える際にも，「最初に思いつく言葉を書いて下さい」という教示をし，「前に見た言葉を思い出して回答して下さい」という教示はしないことである。

　タルヴィングらの実験は，大学生を実験参加者とする集団実験である。まず，「見ていて下さい」という教示（「覚えて下さい」という教示はしない）で96のプライム語がスクリーンに5秒間ずつ提示され，その1時間後，96語のうちの48語を使った再認テストを半数の学生に，残りの48語を使った単語完成テストを残りの半数の学生に行った。その1週間後，それぞれ半数ずつの実験参加者は1時間後のテストで使用しなかった残りの48語を使用した再認テストあるいは単語完成テストを行った。すなわち実験参加者それぞれは，1時間後のテストと同じ種類のテストを1週間後も行ったのであるが，そこでの単語は，1時間後と1週間後では異なっていた。その結果は，次ページの図2のようになった。

　この図から，再認テストの正答率は，1時間後から1週間後にかけて低下しているが，単語完成テストの正答率はほとんど低下していないことがわかる。すなわち再認テストの成績で示される顕在記憶に比べ，単語完成テストの成績で示される潜在記憶は，より長く保持されているのである。

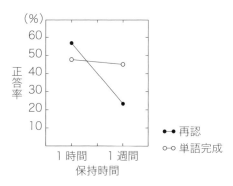

図2. 単語完成テストと再認テストの正答率の変化

単語完成テストの正答率は約50％弱であるが，プライム語がない場合（統制条件）の正答率は約30％（図2には描かれていない）であるので，この％の数値の差が直接プライミング効果の大きさを示し，潜在記憶の存在を示しているのである。

　これと同様の結果は，筆者ら（Komatsu & Ohta, 1984）の保持間隔を1分，1時間，1週間とした実験や8分，1週間，5週間とした実験でも確かめられている。また，スローマンら（Sloman et al., 1988）の実験では約1年半後のプライミング効果が認められ，潜在記憶は非常に長く保持されることがわかっている。1年以上も前に，一度だけそれも数秒間しか見ていない刺激の効果が，これほど長い期間，保持されている。これは驚くべきことではないだろうか。人間の不思議な認知機能だと思う。

2.2　プライミングの理論

　前述したような直接プライミングの実験は，言葉を使ったものだけでなく，絵・写真や図形（有意味・無意味），メロディや単純音，においや味など様々な刺激についても行われ，プライミング効果が認められている。このような現象は，どのように説明されるのであろうか。

　ところで図1についての説明で述べたように，プライミングには，間接プライミングもある。たとえば，プライム語「医者」の提示後，「病院」という言葉の認知反応時間（ミリ秒単位の測定）は，プライム語「台風」の提示後，「病院」の認知反応時間より短い。これは，意味記憶の中での

プライム語と後続のターゲット単語との連合強度が異なるためである。このようなプライミングを間接プライミングと言う。この場合は，意味記憶が関係しているので，意味的プライミング（概念的プライミング）とも言う。

また図1のような直接プライミング実験のパラダイムでも，意味的プライミングは認められている。たとえばプライム語として「ぶどう」を提示し，後続刺激としてカテゴリ事例産出テスト（「果物について思いつく例をいくつか挙げて下さい」）を行う。実験参加者は思いつくままに「リンゴ，ミカン，…」というように事例を挙げるが，「ぶどう」という事例は，プライム語（「ぶどう」）を提示されていない条件と比べ早い順番で産出されるのである。この結果は，カテゴリ名と事例との意味記憶が関係しているので，意味的プライミング効果で説明される。

さてこれまで述べてきたプライミングは記憶理論ではどのように説明されるのであろうか。タルヴィングらの「複数記憶システム」（Tulving & Schacter, 1990）を参考に，筆者の考えを表1にまとめてみた。

まず，記憶を大きく分類すると，前述（p. 4）したようにエピソード記

表1．記憶の分類とプライミング

〈記憶の種類〉			〈プライミング〉
顕在記憶	エピソード記憶		
	意味記憶	意識的認知処理①	
		無意識的認知処理②	意味的プライミング
潜在記憶	知覚表象システム③		知覚的プライミング
	手続き記憶	認知的手続き④	
		行動的手続き	

注1　意味的プライミング（概念的プライミング）は直接プライミング実験でも間接プライミング実験でも認められる。知覚的プライミング（反復プライミング）は直接プライミング実験で認められる。
注2　①は明示的知識，②③④は暗示的知識に対応する（後述のp. 15のまとめ参照）。

憶，意味記憶，手続き記憶となる。これら3種の記憶を二分すると，顕在記憶と潜在記憶となる。この違いは，想起意識があるかどうかである。前者は想起意識があり，エピソード記憶と一部の意味記憶が含まれる。後者は想起意識がなく，無意識的・自動的な認知処理がなされる記憶で，手続き記憶と一部の意味記憶が含まれる。こう考えると，意味記憶は顕在記憶にも潜在記憶にも入るが，それは意味記憶内の認知処理が意識的か無意識的かによると考えられる。すなわち顕在記憶に入る意味記憶は，意識的に定義を考えたり，概念間の関係を考えたり，知っているはずだが思い出せない知識を他の概念などを手がかりにして思い出したりするような，意識的に認知処理が行われる部分のことである。このような意識的認知処理は，繰り返されることによってその知識が自動的に機能するようになり，すなわち無意識的な認知処理が可能になる。このような意味記憶は「手続き記憶化」した意味記憶である。それがさらに繰り返されることにより，より強固で頑健な一連の認知処理になり，手続き記憶が生成されると考えられる。手続き記憶化した意味記憶（図中の②）が認知的手続き記憶（図中の④）に変化するプロセスには，反復の他にもいくつかの要因が考えられるが実証的な研究はなくまだ不明である。

　次にこのような記憶の種類とプライミングの関係について述べよう。プライミングの定義からすれば，その認知処理は無意識的・自動的である。したがって意味プライミングは，意味記憶の無意識的認知処理の部分で生起するプライミングと言える。確かに前述（p. 8）したような「病院」という言葉の認知の速さが，「台風」より「医者」という言葉が先行刺激として提示された場合の方が速いという事実は，無意識的自動的に生起する。また，後続刺激としてのカテゴリ事例産出テストの例も，無意識的なものであろう。

　ところでタルヴィングら（1982）の単語完成テストで明らかになったもう1つのプライミング，直接プライミングはどのように説明されるのであろうか。結論から言えば，このプライミングは知覚的プライミングと呼ばれ，知覚表象システム（Perceptual Representation System: PRS）で説明される。PRS は，タルヴィングらの「複数記憶システム」（p. 4）では，意味記憶と手続き記憶の間に入る記憶システムと考えられている。私たちは，あるものを認識する時，まず五感を通して知覚処理し，次に意味処理

を行う。この最初の知覚の段階での表象を保存するシステムが，PRS である。プライム語の意味処理の前の知覚処理が，知覚的プライミングでは重要な働きをする。その文字が，手書きで書いた文字なのか，赤色の文字なのかによって，黒色のワープロ文字「だい□□ろ」の正答率が変わってくるのである。プライム語と単語完成テストの文字の提示の仕方は知覚的に同じ方が，異なる場合よりプライミング効果は大きいのである。

　この例として筆者ら（太田・小松，1983）の実験がある。この実験では，プライム語にひらがな（たとえば，「だいどころ」）条件と漢字（たとえば，「台所」）条件の2つの条件を設け，後続の単語完成テスト（たとえば，「だい□□ろ」）はひらがなで行った。単語完成テストは，プライム語として提示した単語の単語完成問題（旧項目）とプライム語として提示していない単語の単語完成問題（新項目）から成る。旧項目の正答率と新項目の正答率の差が，プライミング効果の大きさとなる。その結果は図3のようになった。

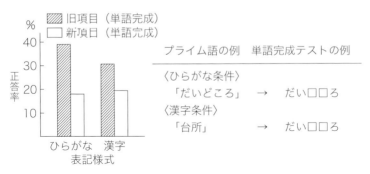

図3. 単語の表記様式を変数とした場合のプライミング効果

　図3からわかるように，ひらがな条件でも漢字条件でもプライミング効果は認められた。旧項目の正答率では，ひらがな条件の方が漢字条件より高く，その分，プライミング効果の大きさはひらがな条件の方が大きかった。この結果は，プライム語と後続のテストの表記様式が同じ条件の方が，異なる条件より大きなプライミング効果が得られたことを示しており，知覚的処理の証拠となる。しかし同時に，表記様式が異なる漢字条件でも，小さいけれどプライミング効果が認められるということは，意味的

処理も行われていた証拠である。

　表記様式を独立変数とした上述の実験と同様の実験図式で，プライム語を視覚的に提示するか聴覚的に提示するかといったモダリティ（視覚的提示・聴覚的提示）を独立変数とした場合でも，知覚的プライミングも意味的プライミングも見られている。すなわちプライム語と単語完成テストが同じモダリティの方が，異なるモダリティより大きなプライミング効果が得られ，またプライム語とテストのモダリティが異なっても，意味的プライミングが確認されたのである。

　このように考えると，言葉を使用した場合のプライミング実験では，知覚的プライミングも意味的プライミングも見られるが，無意味図形や無意味語を用いたプライミング実験をすれば，知覚的プライミングのみを取り出すことができるであろう。

　最後に表1の手続き記憶について述べる。この記憶は，潜在記憶の中では，最も強固で，一旦形成されれば超長期間保持が可能になる記憶である。手続き記憶には，前述（p. 4）したように認知的なものから行動的なものまで含まれる。表2に示すように，認知レベルと行動レベルに分けられ，それぞれ単純なものから複雑なものまであるだろう。

表2. 手続き記憶の分類

種類	内容	例
認知レベルⅠ	感覚・知覚過程における情報処理に関するもの	・lとrの発音の聞き分け ・単語の読み
認知レベルⅡ	記憶・思考過程における情報処理に関するもの	・記憶術・俳句のつくり方 ・算数問題の解決法
行動レベルⅠ	動作・運動過程における情報処理に関するもの	・ワープロの操作 ・自転車の乗り方
行動レベルⅡ	日常生活行動過程における情報処理に関するもの	・結婚式の進め方 ・会議での議論の仕方

2. 3　潜在記憶の特質

　前節2. 2の表1では，様々な種類の記憶を記憶全体の観点から整理し

てみた。ここでは，潜在記憶に焦点を当て顕在記憶と対比しながら，その特質について述べるが，まず表1の記憶の種類全体に関わる特質について述べてみよう。

　記憶は大きく分けるとエピソード・意味・手続きの3種に分けられるが，これら3つの記憶の関係は，

①基本的には（表1の）より下の記憶が上の記憶を支えるという関係にある。

②乳幼児期の発達においては，下の記憶ほどその記憶の機能の成熟度が早い。

③記憶内容としては，より上の記憶が下の記憶の形成を生むという関係にある。

　①について言えば，エピソード記憶は意味記憶があって初めて存在する。意味記憶の内容（知識や意味そのもの）が変われば，エピソード記憶の内容も変わるであろう。意味記憶も同様に私たちの身についた認知的行動的な手続き記憶が，基本的にはその基盤となっていると考えられる。またタルヴィングら（p. 10）が言う知覚表象システム（PRS）も，意味処理の前段階として必ず機能するものであり，この意味で意味処理を支えていると言える。

　②について言えば，人間は誕生後，吸啜反射などの生得的で身体的な手続き記憶に始まり，経験を通していろいろな手続き記憶を獲得していく（ピアジェの認知発達段階での感覚運動期に相当する）。そして言葉や知能の発達と共に意味記憶も増えていき，その後，過去の経験としてのエピソード記憶の能力もでき，言葉で語ることができるようになる。このようにして乳幼児期において，大人と同じような機能をもつ3種の記憶は，手続き記憶→意味記憶→エピソード記憶の順に成熟すると考えられる。

　③については，新しい記憶はまず自分が経験することによりエピソード記憶として生まれ，そしてそのエピソード記憶の時空間的な要素や自己関連的な要素が時間経過の中でなくなったものが意味記憶となると言えよう。意味記憶は，はじめは意識的で言葉で表される内容（知識）であるが，その内容が繰り返し処理されると無意識的な処理が可能な内容になる場合もある。さらにその無意識的意味記憶が繰り返されると，より強固な認知処理として手続き記憶が形成されると考えられる。

このようにして表1を全体的に見ると，下部の潜在的な記憶ほど人間にとって基礎的なもので，保持が強固である。つまり一度形成されたら，その機能はこわれにくいのである。しかしまた逆に，加齢や薬物（たとえば，アルコールなど）による機能低下は一般的に，より上部の顕在的な記憶から始まるとも言える。さらに詳しくいえば，過度の飲酒で酔うとエピソード記憶，意味記憶の順で機能が低下するように，顕在記憶の中でも機能低下の遅速は異なる。

さて上記のような記憶全体の特質を背景に，顕在記憶に対する潜在記憶の特質を箇条書きにして次に述べる。

・無意識的・自動的に機能する

これは，潜在記憶の定義からして当然であるが，想起意識がない記憶なので，無意識的であり，また認知処理のプロセスは自動的に行われる。すなわち潜在記憶は，意識的なコントロールの効かない記憶なのである。したがって，たとえば単語完成テストの実験で，想起意識を生じさせるような教示（前に提示した言葉を思い出しながら，次の単語完成テストをして下さい）をしてはいけない。そうした教示をすると，単語完成テストは手がかり再生テスト（顕在記憶のテスト）になってしまう。同じ単語完成テストでも，プライミングの教示（これは言葉を見つけるテストなので，最初に心に浮かんだ言葉を書いて下さい）をすることにより，潜在記憶が測定されるのである。つまり同じ単語完成テストでも，教示の内容により異なるテストになってしまうので注意したい（Hayman & Tulving, 1989; Cabeza & Ohta, 1993）。

・大変長期的に保持される

顕在記憶と比べ潜在記憶が長く保持されるのは，基本的には記憶システム全体において潜在記憶がより基礎的な要素を占めるからである。超長期保持の現象は，これまで述べてきた多くの実験で認められてきた。特に知覚的プライミングの実験では，顕在記憶より明らかに長く保持されることがわかっている。私たちの現実の生活を見ても，子供の頃や若い時に身につけた技能や技術は，一生忘れないものである。プライミング実験のようなただ一度だけ，それも数秒間見た刺激でも，その記憶はたとえ意識的には忘れても，脳あるいは身体のどこかに残っていて，ある状況下においてはその効果が現れるのである。

・知覚的要素が重要な働きをする

　私たちのエピソード記憶では，ふつう，意味的処理が優先し，それが重要である。人の話を聞いても読書しても，覚えているのはその内容（意味）であり，一般的には知覚的処理（話している人の声や表情など，本の紙の質や大きさなど）の記憶は，時と共に忘れてしまうことが多い。これまで述べてきたプライミング実験のように，無意識的記憶では知覚的要素が重要である。また概して知覚的要素の方が意味的処理より長期に保持されるのである。私たちは，普段は思い出すことはないが，何十年ぶりかで懐かしい味やにおいに出会うことがある。感覚・知覚的な記憶が長く保持されている証拠である。

・発達による変化はない

　顕在記憶が年齢により影響されることは，研究においても私たちの日常体験においても，誰もが認めることである。知能検査の記憶検査は明らかに幼児，児童，青年と成長するにしたがって，成績が向上する。また若年者と高齢者の比較研究では，概して高齢者のエピソード記憶は若年者に比べて劣る。しかし潜在記憶はこのような年齢による成績の影響はないことが多くの研究でわかっている（たとえば，Ohta, 1992；太田・他，1993）。潜在記憶は，2，3歳のある程度の言葉が使いこなせるような年齢で，成人と同じような機能をすでに持っており，この能力は高齢になっても変わらないことが明らかになっている。

　このような潜在記憶に影響を与えない要因としては，年齢の他にも知能や疾病などの要因もある。知的障害者（たとえば，竹形・古塚，1993）や健忘症者（たとえば，Graf et al., 1984）などが健常者と変わらない潜在記憶能力を示している研究もある。要するに潜在記憶の働きは，人間本来が持っている基礎的な認知能力であり，ほぼ一生を通して変わらないと言えよう。

3. まとめ

　ここまで見てきたように，記憶には意識的記憶と無意識的記憶がある。前者は，私たちが日常的に使う「記憶」という言葉のことで，覚えている内容や思い出すプロセスを意識でき，基本的には言葉で表現できる記憶で

ある。後者は，本人自身が記憶としての意識（想起意識）はないが，適応的な判断や思考あるいは行動ができる場合に働いている記憶である。本章では，無意識的記憶を中心に，今日までの記憶研究の成果について述べてきた。すなわち意識的記憶は顕在記憶として，無意識的記憶は潜在記憶として，その両者の特質の違いを実証的研究を通して明らかにしてきた。

　本書のメインテーマである「明示的知識と暗示的知識」は，表1（p. 9）の注2にあるように，明示的知識は顕在記憶に，暗示的知識は潜在記憶に対応する概念である。知識としての記憶は意味記憶を指すので，ここでの顕在記憶では，エピソード記憶は副次的な役割をするもので意味記憶が中心である。「○○先生が□□のことを教えてくれた」というエピソード記憶は，明示的知識としては□□という内容のことである。

　同様に暗示的知識についても，潜在記憶である手続き記憶のうち，行動的手続きは副次的な役割をするもので，認知的手続きが中心である。たとえば外国語をジェスチャーを付けて学習することもあるが，動作や行動は暗示的知識と密接に関係を持つものの，あくまでも副次的なものであろう。

　本章では，潜在記憶について主に述べてきたので，顕在記憶のメカニズムや法則などの理論的なことはほとんど触れなかった。読者の方々には，この点は後述する参考文献の参照をお願いしたい。第二言語学習の最終目標がネイティブな言語使用に近づけることであるならば，ここで述べてきた潜在記憶のメカニズムや特質を応用した学習や指導を望みたい。

第2章 「使える」文法知識を探る

外国語を学ぶ上で避けて通れないものの1つに，文法の学習がある。英語であれそれ以外の言語であれ，教室環境で外国語を学ぶ際，文法に触れずに済むということはまずない。そこで本章では，外国語教育における文法知識について整理し，コミュニケーションの手段として外国語を使う際に役立つ文法知識について検討したい。

1. 定義の整理

1.1 文法

まず，本章で扱う「文法」が何を指すかを明確にしておきたい。日本語の「文法」に対応する英語としては"grammar"がすぐに思い浮かぶが，英語の"grammar"は日本語の「文法」よりも広い範囲を指すことが多い。たとえば，「コミュニケーション能力（communicative competence）」の定義としてよく引用されるカナールとスウェインによる論文（Canale & Swain, 1980）は，コミュニケーション能力の4要素として，文法的能力（grammatical competence），談話能力（discourse competence），社会言語的能力（sociolinguistic competence），方略的能力（strategic competence）を挙げているが，この「文法的能力」とは，広く音声，語彙，統語，形態素を含む，正しい文を産出する能力を指す。日本語の「文法」には，通常音声や語彙は含まれないため，英語文献の"grammar"をそのまま「文法」に置き換えて理解しようとすると混乱を招いてしまうので注意が必要である。本章では，日本語で一般的に使われる「文法」が指す統語と形態素に関する規則を対象として議論を進めたい。

1.2 文法の知識

第二言語習得研究において，文法は最も早くから研究対象となってきたと言えるが，その実態を明らかにするのは容易ではない。文法の知識と

は，統語・形態素に関する個々の規則について知っていることを指し，正しい（文法的な）形と誤った（非文法的な）形を区別できることと定義できるが，この「知っている」というのが実に厄介な現象である。たとえば，日本で英語を勉強してきた人の多くは，「主語が三人称単数で，時制が現在の時には動詞に -s/es を付ける」という規則を知っているが，実際に英語をある程度の分量で書いたり話したりする時に一度も間違えずに -s/es を使える人はほとんどいないし，この -s/es が抜け落ちた英文を聞いた時に，そうと気づかない人も多いだろう。この場合，英語の 3 単現 -s/es の規則を「知っている」と言えるだろうか。また，母語（第一言語）として日本語を話す人たちは，「お昼は皆で蕎麦屋に入りました。でも私がうどんを注文しました。」と聞くと，「私はうどんを注文しました」でないとおかしいと思うはずだが，それがなぜかについて説明できる人は（言語学を勉強したことがある人を除けば）ほとんどいないだろう。この場合の知識は，英語学習者の持つ 3 単現 -s/es の知識とは異なる種類のものだと言える。このように，文法の知識には複数の異なる種類，または階層があると考えられる。

2. 異なる種類の文法知識

2. 1 明示的知識と暗示的知識

　異なる種類の文法知識を整理する方法の 1 つに，「暗示的知識（implicit knowledge）」と「明示的知識（explicit knowledge）」という区分がある（詳しくは Ellis, Loewen, Elder, Erlam, Philp, & Reinders, 2009 等を参照）。暗示的知識とは，ある文が文法的か否かを，根拠は説明できなくても直感的（intuitive）に判断できる知識を指す。先ほどの「私（は / が）うどんを注文しました」の違いについての日本語母語話者の知識は，直感的に誤りだと判断できるものの，その規則を説明できないという意味で暗示的なものであると言うことができる。一方，明示的知識とは意識的（conscious）で説明的（explanatory）な知識を指す。上述の 3 単現 -s/es では，どういう時に -s/es が付いてどういう時に付かないかについて説明できれば，その人は明示的知識を持っていると言える。

　先ほどの「私（は / が）」の例では，日本語母語話者は助詞「は」と

「が」に関する暗示的知識を持っているが，明示的知識は持っていないため，その規則について説明できないと言うことができる。逆に，日本語を母語とする英語学習者の多くは，3単現-s/esについての明示的知識は持っているものの，暗示的知識が欠如しているためにそれを実際に正しく使えないととらえることができる。第二言語習得研究者の多くは，コミュニケーションを行う上で中心的役割を果たすのは暗示的知識であり（Ellis, 2005, p. 143等），明示的知識には暗示的知識（とその不十分なところ）を何らかの形で補助する役割があると考えている。

　文法知識には暗示的なものと明示的なものがあると述べたが，この2種類の知識に接点はあるのだろうか。習得（acquisition）と学習（learning）という用語を用いて知識の区分について最初に提唱したクラッシェン（Krashen, 1981等）は，この2つの知識はそれぞれがまったく異なるプロセスで獲得されるため，学習した（明示的）知識は習得した（暗示的）知識に変化することはないと主張している。クラッシェンはさらに，明示的知識が利用可能な条件として，（a）その知識を知っていること，（b）意味内容だけでなく形式にも意識が向いていること，さらに（c）知識を使うための十分な時間があることを挙げており（Krashen, 1982, p. 16等），明示的知識の使用可能な場面はかなり限定されるため，言語運用上はほとんど役に立たないとしている。クラッシェンの提唱する第二言語習得モデルでは，学習者は乳幼児が母語を身につけるのと同じような方法で暗示的知識の習得を目指すべきだとしている。クラッシェンとは逆に，第二言語習得における明示的知識の役割はより重要であるとする研究者も多いが，この2種類の知識の関係は「インターフェイス問題」として後ほど触れたい（2．5参照）。

2．2　宣言的知識と手続き的知識

　明示的知識と暗示的知識のような第二言語の文法知識の二分法には，他に「宣言的知識（declarative knowledge）」と「手続き的知識（procedural knowledge）」という区分がある（詳しくはDeKeyser, 2007を参照）。これは心理学のスキル習得理論（skill acquisition theory）を第二言語習得に応用したもので，第二言語習得は他の運動技能の習得と同じようなプロセスをたどるとする立場に基づいている。

ここで，自動車（オートマチック・AT 車）の運転を例に，宣言的知識と手続き的知識の関係について説明してみたい。運転席に座ってから自動車を発進させるまでのプロセスについて考えてみよう。まずはシートベルトを締め，サイドブレーキがかかっていることとシフトレバーが P（パーキング）に入っていることを確認し，足でブレーキを踏んだ状態でキーを挿してエンジンを始動させ，シフトを D（ドライブ）の位置に動かし，ミラーを見て周囲の安全を確認し，サイドブレーキを解除し，右足をブレーキからゆっくり上げ，最終的にアクセルを適宜踏むことで発進させる。この一連の動作について，まずは自動車教習所の学科授業でその仕組みを学び，次に実際に車に乗った状態で，となりに座った教官の指示を受け，1 つ 1 つを確認しながら，（最初はおそるおそる）試してみる。学科授業や教官の説明で個々の動作について学び，自分が何をすべきかについて理解する過程を，宣言的知識の習得と呼ぶことができる。そこで得た知識を使って，実際の車を運転するという動作に結びつける過程を手続き化（proce-duralization）と呼び，そのようにして車が動かせるようになったことを，手続き的知識が身についた状態と考える。ただし，手続き的知識が身についたとしても，最初のうちは動作がぎこちなく，次に何をすべきかを考えながら（場合によっては声に出したり指差し確認をしたりしながら）1 つ 1 つの作業を行うだろう。

　私が運転免許を取得してからすでに 20 数年が経過しているが，今でも車を運転する時には上で書いたのと同じことをしているはずなのに，運転開始時の個々の動作についてほとんど意識することはない。運転席に着いたら自然に，何も考えずに一連の動作を行っている。これは，何度も何度も運転を繰り返すことで，最終的にほとんど意識をせずに一連の動作をスムーズに行えるようになったことを意味する。実際の動作を繰り返し行うことを練習（practice）と呼び，それによって手続き的知識の自動化（au-tomatization）が起きたため，車の運転がほぼ無意識の状態で可能になったと言うことができる。

　スキル習得理論に基づき，第二言語習得とは，宣言的知識を手続き的知識に変換し，その自動化を進めるプロセスであると考える立場の中心的存在がディケイザー（DeKeyser, 2007 等）である。ディケイザーによれば，文法規則の習得は次のように進む。(1) まず規則を明示的に学んで宣言的

知識を身につけ，（2）それを実際に使ってみることで知識が手続き化され，
（3）練習を繰り返すことで手続き的知識の自動化が促され，（4）最終的に
コミュニケーションの場でスムーズに使えるようになる。この一連の流れ
は，外国語教育・学習を経験した者ならごく自然に思い浮かべられるもの
だろう。英語教育関係者になじみのある PPP（Presentation–Practice–Produc-
tion）という指導法（Skehan, 1998 等）も，まず規則を提示（present）する
ことで宣言的知識を身につけさせ，次に練習（practice）を通して知識の手
続き化を促し，最終的にコミュニケーションの中で使用する（produce）
ことを通して知識の自動化を図るというように，スキル習得理論のモデル
に沿った形になっていると言える。

2.3 明示的・暗示的知識と宣言的・手続き的知識の関係

　第二言語学習者の文法知識を二分するものとして，明示的・暗示的知識
と宣言的・手続き的知識という区分は同義，もしくは類似するものとして
扱われることが多い。しかし，厳密に見ると両者には異なる点があり，そ
のことが第二言語習得研究的にも，外国語教育的にも重要な意味を持つの
で，この点について考察したい。

　名詞の複数形に関する英語の規則を例に考えてみたい。「数えられる名
詞で 2 つ以上あるものについて言う時，その名詞が不規則変化をするも
のであればその複数形を使い，そうでない名詞なら語末に -s/es を付ける」
という規則であるが，これについて理解し，何らかの形で説明できる学習
者は，この規則について明示的で宣言的な知識を持っていると言うことが
できるだろう。意識的で説明可能な知識であるという意味で，明示的知識
と宣言的知識はほぼ同義であると考えられる。その一方で，暗示的知識と
（自動化された）手続き的知識は同じものを指すと言えるだろうか。

　明示的知識と宣言的知識がほぼ同義であると言えることもあって，それ
ぞれに対応する暗示的知識と（自動化された）手続き的知識もまた同じも
のを指すと見なされることも多い。たとえば，継承語学習者（移民のよう
に，生活圏で話されている言語とは別の言語を家庭内で話す学習者）を対象に
明示的・暗示的知識の測定を試みたボウルズ（Bowles, 2011）は，「宣言的
知識と明示的知識は同等のもので，手続き的知識と暗示的知識も同様であ
る（"Declarative and explicit knowledge are parallel, as are procedural and im-

plicit knowledge.")（p. 250)」と述べ，両者を同一のものとして議論を行っている。

　一方で，両者は質的に異なると考える研究者も多い。たとえばフルスティン（Hulstijn, 2002）は，第二言語の宣言的知識が暗示的知識に変容するとするモデルに懐疑的な立場をとっており，暗示的知識の習得は別のプロセスによるものだと主張している。また，第二言語習得研究におけるスキル習得理論の第一人者であるディケイザー（DeKeyser, 2015）も，手続き的知識とは別に暗示的学習の結果としての暗示的知識の存在を認めており，暗示的知識の習得が難しい大人の第二言語学習においては，宣言的知識から練習を経て手続き的知識の獲得を目指すという学習モデルが有効であると提案している。さらにディケイザーは，そもそも宣言的知識が練習によって手続き的知識に変容するとは主張しておらず，「宣言的知識を持っていることが，練習を通して手続き的知識の発達において因果的役割を果たす（"existing declarative knowledge, via practice, plays a causal role in the development of procedural knowledge"）（p. 103)」という説明の仕方をしている。

　英語の複数形に話を戻そう。英語の母語話者は，先ほど紹介した複数形の規則についての暗示的知識を持っており，実際に英語を聞いたり読んだりする時，また話したり書いたりする時，日本語母語話者が助詞の「は」と「が」の区別をするのと同じように，無意識的にそして自動的に複数形の規則を当てはめている。一方，日本語を母語とする英語学習者の多くは，複数形の規則について明示的（宣言的）には知っているものの，暗示的知識は持っていないために母語話者と同じように無意識的にしかも常に正確に複数形を使いこなすことはできない。ただし，宣言的（明示的）知識を基に練習を通して手続き的知識を得ることは可能であり，さらに練習を繰り返して知識の自動化が進むことで，母語話者と同等とまではいかないものの，ある程度の正確さで複数形を使うことができるようになる。このように考えることで，（母語話者の知識に相当する）暗示的知識と，明示的な学習と練習の結果身につけられる自動化した手続き的知識との違いが理解できるだろう。

　上記のように，母語習得と第二言語習得は質的に異なるとする提案は，ブライ・ヴローマン（Bley-Vroman, 1989）の根本的相違仮説（fundamental difference hypothesis）でも示されている。ブライ・ヴローマンは，母語習得においては人間固有の言語メカニズムが働き，暗示的知識が無意識的に獲得されるが，大人の第二言語習得ではそれがもう機能しないため，言語に特化していない一般的な（つまりスキル習得的な）学習メカニズムに頼らざるを得ないと主張している。このように，第二言語習得は母語習得とは質的に異なるプロセスであるとするのが根本的相違仮説である。

　ただし，第二言語学習者は暗示的知識をまったく習得できないというわけではない。一例として，英語の代名詞に関するある規則について見てみよう。次の英文中の代名詞 him は誰のことを指しているだろうか。

Mr Brown dreamed that Mr Green shot *him*.（White, 1998, p. 431）

英語の代名詞には，同じ節内にある名詞を指すことはできないという規則があるため，この場合の him は Mr Green ではなく，Mr Brown（もしくはこの文には出てこない他の誰か）を指すが，日本の中学校や高校ではこの規則を明示的に教えてはいないはずである。英語を学習するフランス語母語話者と日本語母語話者を対象に上記のような英文の意味解釈を調査したホワイト（White, 1998）は，日本語を母語とする中級英語学習者が，代名詞が節内の名詞を指す（him が Mr Green を指す）可能性を正しく否定できることを示した。これは，明示的（宣言的）に教わらなくても知識を獲得できる場合があることを示しており，ブライ・ヴローマンの言うようにすべての第二言語習得がスキル習得的に行われるというわけではないと言える。それでは，このような知識はどのようにして身につくのか，次節で検討したい。

2. 4　暗示的知識はどのように習得されるか

　前節では，スキル習得理論に基づいた第二言語習得モデルとして，宣言的知識，手続き的知識，そして知識の自動化という考え方を紹介した。また，宣言的知識は明示的知識と同じものと考えてよいが，手続き的知識と暗示的知識は異なるものであることも指摘した。それでは，暗示的知識はどのようにして習得されるのだろうか。

　暗示的知識の習得過程については，基本的には 1980 年代に提唱されたモデルがその大枠のみ踏襲されたまま現在に至る。その根幹はクラッシェ

ン（Krashen, 1985）によるインプット仮説（input hypothesis）であり，暗示的知識の獲得（クラッシェンの言う「習得（acquisition）」）は，インプット（音声または文字で提示される意味を持った言語資料）を浴び，その意味内容を理解する中で，意味と形式のマッピングが行われる時に起こるという立場である。実際に新たな文法知識が習得される時にどのような処理が脳内で行われているのか，たとえば学習者は言語形式に対してどの程度注意（attention）を向けているのか，その処理がどの程度意識的なものなのか（awareness）については意見が分かれるが，インプットが豊富に提供されていることと，学習者は形式だけでなく意味に意識を向ける必要があることは共通見解と言えそうである（第二言語習得と意識の関係については，福田，2018 が詳しい）。

　クラッシェンのインプット仮説以降，いくつかの関連する仮説が提唱された。スウェイン（Swain, 1985）は，第二言語の習得にはインプットだけでは不十分であり，学習者はアウトプットを行う必要もあるとするアウトプット仮説（output hypothesis）を提唱し，ロング（Long, 1983, 1996）は，一方的にインプットを浴びるだけでなく，学習者も意味交渉に参加することで，インプットの理解が進み，言語形式への気づきも促されるとするインタラクション仮説（interaction hypothesis）を唱えた。ここで注意したいのは，この 2 つの仮説はどちらもインプットの役割を否定するものではなく，第二言語習得がより効果的に行われるための条件としてインプット仮説に追加的に提案されたものという点である。

　ここまで紹介してきた明示的・暗示的知識および宣言的・手続き的知識の関係を示したものが次ページの図 1 である。

　図の左側は，スキル習得理論に基づいた宣言的知識・手続き的知識・自動化された手続き的知識の関係を示している。クエスチョン・マークは，上述のディケイザーのように，宣言的知識が手続き的知識に直接変容するとは限らず，宣言的知識が手続き的知識の習得もしくは出現に何らかの形で貢献していることを示している。

　図の右側は，第二言語習得における暗示的知識の習得過程を示している。インプット仮説を軸にして，インタラクション仮説とアウトプット仮説も含め，インプットの意味理解が重要であり，さらに意味と形式のマッピングが不可欠であることと，インタラクションやアウトプットがそれに

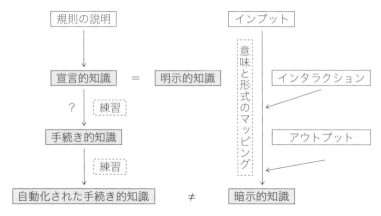

図1. 宣言的・手続き的知識と明示的・暗示的知識の関係

貢献することを表している。

2. 5　インターフェイス問題

　第二言語習得におけるインターフェイス（interface）問題とは，明示的知識が暗示的知識に変容しうるかどうかに関する問題を指す。図2の太い矢印がこれに該当するが，インプット仮説を提唱したクラッシェンは，明示的知識は暗示的知識に変容することはないと主張しており，これをインターフェイスのない立場（no interface position）と呼ぶ。

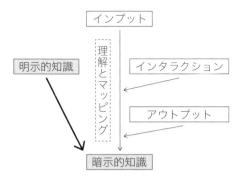

図2. 強いインターフェイスの立場（太い矢印を認める）とインターフェイスのない立場（太い矢印を認めない）

一方で，明示的知識は何らかの形で暗示的知識に変容しうるとする主張もあり，これを強いインターフェイスの立場（strong interface position）と呼ぶ。元々はスキル習得理論に基づく第二言語習得モデルが強いインターフェイスの立場であると考えられてきたが，先ほど述べたようにディケイザーも手続き的知識と暗示的知識は別であるとしており，厳密な意味で強いインターフェイスの立場をとる研究者は多くない。ただし，宣言的知識が練習を経ることで自動化された手続き的知識（≠暗示的知識）に変容しうるという意味で強いインターフェイスを信じる外国語教育関係者は多く，PPP のような指導法はその一例と言える。

　強いインターフェイスは信じないものの，クラッシェンのように明示的知識の役割を強く否定はせず，明示的知識が間接的に暗示的知識の習得に役立つとする，弱いインターフェイスの立場（weak interface position）もある。一例としてシュミット（Schmidt, 1990 等）の気づき仮説（noticing hypothesis）を見てみよう。この仮説は，インプット中にある言語形式に気づくことが暗示的知識の習得に役立つとするものである。特定の文法規則についてあらかじめ明示的知識を持っていることで，インプット中にその形式が含まれていることに気づきやすくなれば，明示的知識が（気づきを通して）暗示的知識の習得に貢献しうると言うことができる。図 3 が示すように，弱いインターフェイスの立場における明示的知識の役割は，インタラクションやアウトプットと同様に暗示的知識の習得を支援するものである。

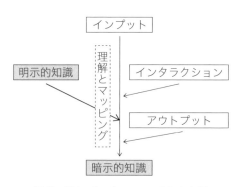

図 3. 弱いインターフェイスの立場

3.「使える」文法知識

3. 1　外国語教育における文法知識の位置づけ

　第二言語習得研究は認知科学の一分野であり，その研究成果を外国語教育だけでなく，言語学や心理言語学，母語習得研究などに活かすことが期待されている。すでに述べた通り，母語習得研究は基本的に暗示的知識を対象としている。そのため，明示的知識と暗示的知識を区別し，第二言語学習者による暗示的知識の習得について調査することはとても重要である。一例として，言語習得におけるいわゆる臨界期（critical period）または敏感期（sensitive period）問題（ある一定の年齢を超えると母語話者としての言語習得ができなくなる可能性の有無）について考えてみよう。ほぼすべての母語話者は0歳で母語習得を始めているため，母語話者のみを対象にした研究では年齢と言語習得能力の関係を調べられない。そこで，学習開始年齢の異なる第二言語学習者が母語話者と同等の知識（つまり暗示的知識）をどの程度習得できるかを調査することで，年齢と言語習得能力の関係について推測することが可能になる。

　その一方で，第二言語学習者は母語話者と同じような知識を習得できるかどうかという問題は，外国語教育的にはそれほど重要ではない。なぜなら，母語話者と同じ知識の習得を基準にするならば，根本的相違仮説を提唱したブライ・ヴローマンの主張するように，第二言語学習はその大半が失敗に終わるからである。ただしこのこと自体は第二言語学習者にとって大きな問題ではない。多くの場合，外国語を学ぶ目的は母語話者のようになることでなく，その言語を使ってコミュニケーションを行うことであるため，たとえ母語話者と同等の知識を得ることができなくても，コミュニケーションを行えるだけの知識さえ身につけばそれで十分目的は果たせるからである。それでは，コミュニケーションを行うための文法知識とはどのようなものだろうか。

3. 2　コミュニケーションで「使える」文法知識

　本章でこれまで見てきたように，暗示的知識の習得には大量のインプットが必要であり，意味処理をしつつ，形式にも注意を向けてマッピングを行わなければならない。日本における英語教育では，暗示的知識の習得が

保証されるだけの十分な量のインプットを提供できる環境はそれほど多くないため，暗示的知識の習得のみに依存した場合，コミュニケーションを行えるレベルにまで達することは容易ではないだろう。

さらに，たとえ十分なインプットがあったとしても，大人の第二言語習得では暗示的知識を習得できないと思われる文法規則もある。日本語を母語とする英語学習者にとっての 3 単現 -s/es などはそのわかりやすい例で，インプット中にかなりの頻度で含まれるため何度も目や耳にしてきているにもかかわらず，かなりの上級学習者であっても母語話者と同等レベルで使いこなせるようにはならないだろう。若林（Wakabayashi, 1997）によれば，日本語には数の概念（number feature）が存在しないため，どれだけインプットを浴びても英語の数の一致に気づくことができず，したがって人称と数という 2 つの要素が関わっている 3 単現 -s に関する規則の暗示的知識を身につけることができないからである。このように，インプットの量に関係なく暗示的知識を習得できない文法規則も存在するため，暗示的知識の習得のみを目指す外国語教育は現実的ではない。

そこで考えられるのが，自動化された手続き的知識の習得と活用である。すでに見てきたように，手続き的知識と暗示的知識は厳密には異なるが，練習を経て自動化の進んだ手続き的知識であれば，コミュニケーションの場においても十分利用しうるだろう。先ほど紹介したディケイザー（DeKeyser, 2015）も，練習を通しても明示的知識が暗示的知識に変わることはないが，自動化された手続き的知識はその代替として利用できると述べている。そこで次に，コミュニケーションで利用可能な手続き的知識の習得に何が必要かを検討したい。

3. 3　外国語教育における「練習」とは

図 1 で示したように，宣言的知識を基に手続き的知識を発達させ，さらにその知識の自動化を図るためには，「練習（practice）」が不可欠である。ここで言う練習には 2 種類があり，1 つは宣言的知識を基にその文法規則を実際に使ってみる練習，つまりまず手続き的知識を得るための練習であり，もう 1 つは獲得した手続き的知識の自動化を促すための練習である。ディケイザーによれば，前者の練習はそれほど回数を必要としないが，自動化というのは段階的なプロセスであるため，手続き的知識を速く

正確に使えるようになるためにはかなりの量の練習が必要になる。

　ただしここで問題となるのが，何をもって「練習」と呼ぶかである。自動車の例でもわかる通り，手続き的知識の自動化は，実際に行う動作を繰り返すことで可能となる。外国語教育における「練習」とは，たとえばディケイザーによる定義では，「第二言語の知識やスキルを発達させることを目的とした，系統的で意図的な第二言語の活動（"specific activities in the second language, engaged in systematically, deliberately, with the goal of developing knowledge of and skills in the second language"）」（DeKeyser, 2007, p. 1）とされているが，かなり幅広い形で定義されているため，実際に何が練習と言えるか，言えないかについては，残念ながら明確な指標はみあたらない。ただし，外国語教育の目的をコミュニケーションで外国語を使うことであると考えるなら，その「練習」も当然コミュニケーションにおける使用の練習であるべきだろう。パターン・プラクティスのようなドリル的な練習を繰り返したとしても，自動化によりドリルそのものの処理速度が速まることはあり得るが，そうやって自動化した知識がドリル以外の場で活用できるわけではない。自動車運転の例で考えても，たとえばブレーキを踏むというスキルのみを取り出していくら練習しても，実際に運転する時にそれが役に立つとは考えにくい。車を運転する中でブレーキを踏むという「練習」を繰り返すことで，いつどのような状況でどの程度の強さでブレーキを踏めばよいかを身につける必要があり，これを外国語教育に当てはめれば，明示的（宣言的）に学んだ規則を実際のコミュニケーションの中で使う練習を繰り返すことが重要であると言える。

　コミュニケーションで使えるような自動化した手続き的知識の習得には，目標とするコミュニケーションの場面を設定した上で，その中で特定の文法規則を意味と形式を結びつける形で練習する機会を用意することが重要である。そのためには，個々の文法規則を「規則」としてのみとらえるのではなく，コミュニケーションの中でそれがどのような場面で使われるのかを把握し，そのような場面でのシミュレーション的な活動としての「練習」を繰り返すことが重要である。

　ここで言うコミュニケーションの場面とは，外国語を話す活動のみを指すわけではない。聴く活動においては，たとえばヴァンパッテン（VanPatten, 1996）の提唱するインプット処理（input processing）活動も練習とな

りえるだろう。さらに，読む・書く活動については，聴く・話す活動と比べて言語処理に求められる時間的制約が厳しくないため，自動化が進んでいない知識であっても練習で活用しやすいだろう。たとえば，ライティングの活動で，一旦自分の書いたものを見直して，文法的な誤りを見つけて訂正するといった作業は，外国語使用者の多くが経験することだが，この練習を繰り返すことで誤りを見つける速度が高まれば，より効率的にライティングの修正作業が進められるようになる。

　ここまで見てきたように，手続き的知識を自動化するための練習では，実際にコミュニケーションで文法知識を使う場面を想定することが大切である。文法規則の学習は，規則の学習そのものが目的なのではなく，あくまで習得した知識をコミュニケーションで使うことを念頭に置くべきである。コミュニケーションの場面設定においては，ロング（Long, 2015）などの提唱するタスク・ベースの言語教育（task-based language teaching: TBLT）の考え方を参照するとよいだろう（松村，2017 等も参照）。TBLTは弱いインターフェイスの立場に依拠するものであり，特定の文法規則についての宣言的知識から手続き的知識を生み出すといった目的には本来合わないが，実際の言語使用場面を想定して活動を設定するのが大前提になっているため，参考になる部分もあるだろう。

4. おわりに

　本章では，第二言語習得研究における文法知識について整理し，コミュニケーションの場で「使える」文法知識とはどのようなものかについて考察し，必要な知識を身につけるための方法について検討してきた。言語習得および使用では，暗示的知識が中心的役割を果たすと考えられるが，大人の第二言語習得，特に日本のように外国語が日常的に使われていないような環境では，大量のインプットを必要とする暗示的知識の習得は容易ではない。そこでそれを補うものとして，自動化された手続き的知識の習得を目指すことを提案した。そのような知識を身につけるには，まず文法規則の明示的な提示によって宣言的知識を獲得し，次にその知識を使ってみることで手続き的知識を身につけ，さらにその知識をコミュニケーションの場面で使う練習を繰り返すことで自動化を図るというステップを経る必

要があると示した。

　図4は，本章で取り上げてきた文法知識とそれを習得するための手立てを1つにまとめたものである（図1と図3を統合した）。外国語教育・学習を長いスパンで考えた時，インプットを基にした暗示的知識習得のプロセスも決して疎かにすべきではない。ただしそれには長い時間がかかり，さらに暗示的には身につかない文法規則もあると考えられるため，少なくとも学習の初期から中期段階においては，明示的（宣言的）知識の学習と，その後の練習によって自動化された手続き的知識の役割も重要となる。自動化された手続き的知識と暗示的知識を両輪として外国語学習を進めることが大切だろう。また，明示的・宣言的に文法指導を行う場合でも，最終到達点として実際のコミュニケーションでの使用を想定することで，学習および練習が有意義なものとなることを期待したい。

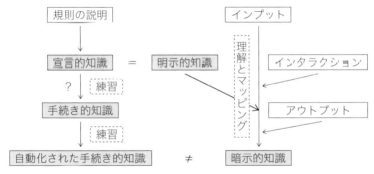

図4.　宣言的・手続き的知識と明示的・暗示的知識の関係
（弱いインターフェイスの立場）

第3章　第二言語環境で日本語の文法知識は どのように発達していくか？
——文法項目の特徴と学習者の個人差の影響

1. はじめに

　成人の学習者は，意識的な学習（明示的学習）と意識を伴わない学習（暗示的学習）の2種類の異なる学習メカニズムを用いながら，第二言語を習得していく。本章では，第二言語習得環境という理想的な習得環境において，それぞれの学習メカニズムがどのように働き，文法習得が起こるかを考察する。具体的には，日本に住む中国語母語話者が，日本語の5つの文法形態素をどのように習得しているか，明示的・暗示的知識の観点から調べた調査を報告する。その中で，中国の大学などで意識的に学習して身につけた明示的知識が，来日し，暮らしながら，どのように素早く使えるようになり，どこまで無意識に使えるようになるか，そのプロセスの一端を明らかにする。

2. 第二言語における明示的知識と暗示的知識

　明示的知識と暗示的知識は，意識（awareness）を伴うかどうかで区別される。暗示的知識は文法規則などを意識せずに使うことを可能にする（例：複数形の -s/es を意識せずに加算名詞に付けることができる）。一方，明示的知識により，教室などで文法規則を学び意識的に使うことができる。明示的知識は，練習によって，より素早く使うことができるようになる（鈴木，2017）。これを手続き化・自動化と呼ぶ。つまり，明示的知識へのアクセスが速くなることで，より効率的に第二言語を運用できるようになる。さらに，規則に関して言葉で説明することができる場合，メタ言語知識を持っていると言える。

　以上のように，明示的知識を詳細に分けて考えると，(1) メタ言語知識（規則を言語化・説明できる），(2) 明示的知識（ゆっくりであれば意識的に使える），(3) 自動化された明示的知識（automatized explicit knowledge, 詳し

くは Suzuki, 2017 を参照）と少なくとも 3 つのレベルに分けて考えること
ができる。

　それでは，このような明示的知識は，暗示的知識の習得へどのような影
響を与えるのか。この問題は，インターフェイス（interface）問題と呼ば
れる（第 2 章 2. 5 参照）。具体的な検討課題として，（a）メタ言語知識は
暗示的知識の習得を助けるか（Andringa & Curcic, 2015），（b）明示的知識
が練習により自動化し，それが暗示的知識の習得へ影響を与えるのか
（Suzuki & DeKeyser, 2017）などの問題がある。このような課題を明らかに
するには，明示的知識を上記の 3 つのレベルで区別した上で，明示的知
識・学習の役割を明らかにしていく研究が重要になるだろう。

　本研究は，メタ言語知識が，自動化された明示的知識と暗示的知識の発
達にどのような役割を果たすかを調べる。特に，文法項目の種類によっ
て，メタ言語知識の重要性が高いものと，それほど高くないものがある可
能性を探る。

2. 1 （自動化された）明示的知識と暗示的知識の測定方法

　21 世紀に入ってから，多くの第二言語習得（SLA）研究者によって，
明示的知識と暗示的知識を区別できるテストの開発とその妥当性の検証が
本格的に行われ始めた。最も注目を浴びた最初の研究は，R. Ellis（2005）
である。図 1 に示すように，Ellis は，明示的知識テスト（グループ 1）と

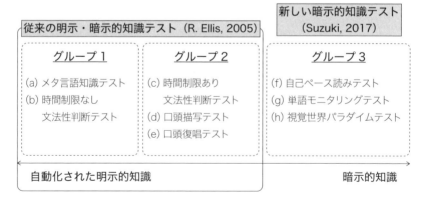

図 1. 明示的知識・暗示的知識テストの種類

して，(a) メタ言語知識テストと (b) 時間制限なし文法性判断テストを作成した（グループ 1）。これらのテストは，回答の際に時間制限がなく，学習者が（意識的な）明示的知識を最大限に使える状況で行われる。一方，暗示的知識テスト（グループ 2）として，(c) 時間制限あり文法性判断テスト，(d) 口頭描写テスト，(e) 口頭復唱テスト（elicited imitation test）を作成した（グループ 2）。これらのテストは，時間制限が加えられており，明示的知識を使いにくい状況で行われる。そのため，グループ 1 のテストとグループ 2 のテストがそれぞれ異なる第二言語知識を測っていることが示唆された。

　しかし，グループ 2 のテストに関して，2015 年以降の筆者の一連の研究によって，暗示的知識を本当に測っているのか疑問を呈するデータが示されている（Suzuki, 2017; Suzuki & DeKeyser, 2015; Vafaee, Suzuki, & Kachinske, 2017）。これらの一連の研究は，R. Ellis（2005）などで使われた暗示的知識テスト（グループ 2）は，暗示的知識を測るための精度が不十分で，自動化された明示的知識を測っているという証拠を一貫して提示した。そして，Suzuki（2017）は，旧来型のグループ 2 のテストの代わりに，新しい暗示的知識テスト（グループ 3）を提案している。グループ 3 のテストは，(1) 学習者が文の意味に焦点を当てている最中に，(2) 瞬時に（数百ミリ秒以内に）文法知識を使えるかどうかを調べることができる。この特徴により，意識的な言語形式への注意がなるべく向かないようにして，暗示的知識を厳密に測ることができる。なお，自動化されつつある明示的知識と暗示的知識の違いは，コミュニケーション上のパフォーマンスなどで区別することは難しく，実践を考える上では区別することに大きな意義は見られないだろう（e.g., Suzuki, 2017）。しかし，理論的な側面から，明示的学習と暗示的学習の役割を理解するためには，両者の区別は必要不可欠であり，本研究では，グループ 2 の (e) 口頭復唱テストを自動化された明示的知識のテストとして，グループ 3 の (g) 単語モニタリングテストを暗示的知識のテストとして使う（他のテストの詳しい説明は Suzuki, 2017 等を参照）。

2．2　なぜ第二言語習得環境での習得を調べるか？

　暗示的知識を習得するためには，第二言語の大量のインプットと練習量

が必要であり，とても長い年月がかかると考えられる（Paradis, 2009）。そのため，日本で英語を学ぶというような「外国語環境」では，暗示的知識はほとんど身につかないと考えている研究者もいる。もし第二言語における暗示的知識の習得を調べるのであれば，第二言語に毎日触れる機会があり，生活のために使っているというような「第二言語環境」で調査を行うことが重要だろう。言い換えるならば，第二言語環境において初めて，成人はどこまで第二言語の暗示的知識を習得できるのか（可能性），また暗示的知識として習得できないものは何か（限界）を探ることができる。

　そうした目的から本研究では，日本に住んでいる中国語母語話者を対象として，日本滞在期間によって，暗示的知識がどう発達するかを調べた。

2. 3　明示的知識と暗示的知識の習得プロセス

　目標言語文化圏への滞在歴以外にも，明示的・暗示的知識の習得に影響を与える要因は多くある。たとえば，第二言語の学習開始年齢，文法項目の種類，言語適性（外国語を学ぶ上で必要とされる能力）などがあるだろう。

　最近では言語適性テストの開発が進み，明示的な学習に必要な適性と暗示的な学習に必要な適性があると言われている（Granena, 2016）。特に，暗示的な学習に必要な適性と，言語テストで測られた文法知識の関係を調べることで，どれだけ暗示的学習が行われているかを推察することができる（詳しくは Suzuki & DeKeyser, 2015, 2017 を参照）。

　さらに，明示的・暗示的な習得のプロセスは，文法項目によっても異なると考えられる。たとえば，単純な規則を持つ文法項目であれば明示的に学習されやすい傾向があるのか，複雑な規則（1つの単純な規則だけでは説明できない）を持つ項目にはどこまで明示的学習が役立つのか，という問題はまだほとんど明らかになっていない。そして，上記に述べた複合的な要因を紐解いていくことで，明示的・暗示的学習のプロセスをより詳細に解明していくことができるだろう。

3. 本章の目的

　従来の研究（e.g., R. Ellis, 2005）では，「明示的知識」と「暗示的知識」は2項対立的に扱われてきた。しかし，意識的に学んだ「明示的知識」

は徐々に素早く使えるようになり，「自動化された明示的知識」も存在するという新たな提案（Suzuki, 2017）がなされ，近年注目を集めている。本稿では，その提案をベースとして，「明示的知識」，「自動化された明示的知識」，「暗示的知識」という3種類の知識の存在を初めて実証的に示唆した筆者の研究（Suzuki & DeKeyser, 2015）をまず紹介した後（4節），そのデータを追加分析した結果を報告し（5節），明示的知識・暗示的知識に関する今後の研究の展望を示す。

4. Suzuki and DeKeyser（2015）の実験デザイン

Suzuki and DeKeyser（2015）の研究目的は，口頭復唱テストと単語モニタリングテストが暗示的知識または（自動化された）明示的知識のどちらを測っているかを明らかにすることであった。中国語を母語とする日本語の第二言語学習者を対象として，明示的知識が測れるということが確立されているメタ言語知識テストと，暗示的学習の個人差を測ることができる適性テスト（系列反応時間テスト：serial-reaction time test）を実施した。それぞれのテストを基準として，口頭復唱テストと単語モニタリングテストとの関係を探った。図2に示すように，口頭復唱テストが明示的知識を測っていれば，その得点はメタ言語知識テストの得点と相関するが，系

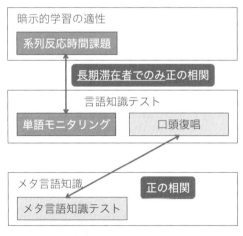

図2　実験デザインとテスト間の関係の予測

列反応時間テストとは相関しないと予測した。一方，単語モニタリングテストが暗示的知識を測っていれば，その得点は系列反応時間テストの得点と相関するが，メタ言語知識テストの得点とは相関しないと予測した。さらに，暗示的知識の習得には大量のインプットが必要なため（Paradis, 2009)，日本への滞在歴をインプット量の推定のための指標として使い，滞在歴が特に長い学習者において，単語モニタリングテストと系列反応時間テストの得点の関係が強くなる（暗示的知識がより安定して使われる）と予測した。

⑴　実験参加者

　日本に在住する中国語母語話者 61 名を対象とした。日本語能力は上級で，ほとんどは日本の大学の交換留学生・研究生または大学院生であった（日本語能力検定試験 N1/N2 保持者または日本語レベルはその同等以上）。平均年齢は 24.65 歳で，最初の来日時の年齢は 18 歳以降（平均 22.17 歳）であり，思春期を過ぎてから日本での自然習得環境における日本語習得を始めた者のみを対象としている。日本滞在歴は，平均 26.76 か月（標準偏差：26.82 か月）で，来日して 3 か月しか経っていない者から，10 年以上住んでいる者までいた。教室で日本語の指導を受けた経験は，平均 39.03 か月（標準偏差：20.17 か月）で，ほとんどの参加者は，中国の大学で日本語専

表 1.　ターゲット文法項目とサンプル問題

ターゲット文法項目	サンプル問題
自他動詞	冬に窓を（*が）開けると，とても寒い。
従属節内の「が」	家で子供が（*は）勉強しないと，親はとても悲しい。
関係節内の「が」	好きな有名人が（*は）出るテレビを見るのは楽しい。
動作の行われる場所格「で」	暖かい時に外で（*に）寝ると気持ちがいい。
名詞修飾節内に過剰挿入する「の」	ボランティアをする（*の）女優はとても素晴らしい。

攻として日本語を明示的に学習した経験を持っている。

⑵　ターゲット文法項目

　中国語話者にとって習得が難しいとされる助詞を中心として，ターゲットの文法項目を5種類選んだ（表1）。これらの文法項目は，習得のプロセスが異なると考えられる。まず，自他（相対）動詞は，項目学習（item-based learning）となり，それぞれの動詞ごとに学習が進んでいく可能性が高い（中石，2005）。一方，従属節内の「が」，関係節内の「が」，場所格の「で」は規則学習（文法規則を活用して習得するプロセス）が行われる可能性が高い。そして，「の」に関しては，中国語の影響によって，名詞修飾節内で過剰挿入が行われることが明らかになっている（奥野，2003）。

⑶　単語モニタリングと口頭復唱の二重課題

　本研究では，単語モニタリングテストと口頭復唱テストを組み合わせた二重課題を使って，暗示的知識と自動化された明示的知識を測定した（図3を参照）。このテストでは，以下の4つの段階で回答した。①モニタリングする単語が提示され，音声文の中にその単語が聞こえたら，できるだけ早くコンピュータのボタンを押す。②理解しながら音声文を聞いてもらう

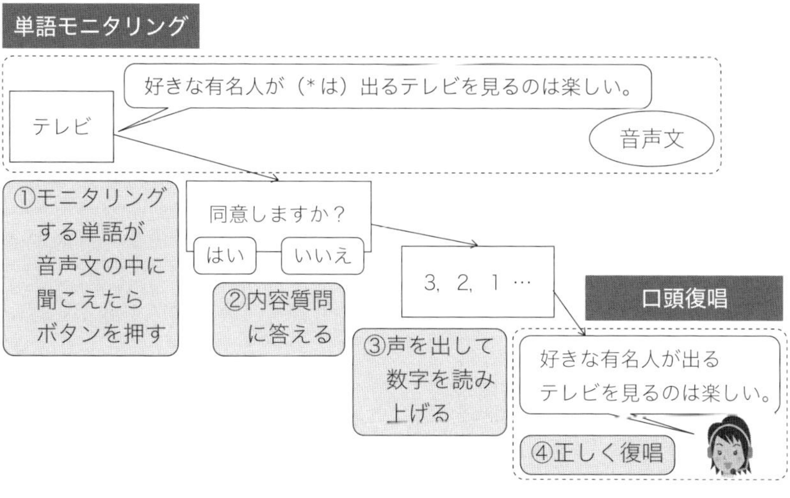

単語モニタリング

好きな有名人が（＊は）出るテレビを見るのは楽しい。

テレビ

音声文

①モニタリングする単語が音声文の中に聞こえたらボタンを押す

同意しますか？
はい　　いいえ
②内容質問に答える

3，2，1…

③声を出して数字を読み上げる

口頭復唱

好きな有名人が出るテレビを見るのは楽しい。

④正しく復唱

図3．単語モニタリングと口頭復唱の二重課題の手順

ために，音声文が流れた後に，その内容に同意するかどうか質問に答える（例：好きな有名人が出るテレビを見るのが楽しいかどうかを判断）。③意味処理を伴わないオウム返しによる復唱を避けるために，声を出して 3, 2, 1 と数字を読み上げる。④最初に聞いた音声文を 8 秒以内に正しく復唱する。

　ターゲット文法項目の知識を測定するために，文法的に正しい音声文と非文法的な音声文をそれぞれ 40 文ずつ用意した（5 つのターゲット文法項目それぞれ 8 文ずつ）。文法的な文に加えて，非文法的な文を含めたのは，(a) 口頭復唱テストで非文法的な文を復唱する際に正しい文に直せるかどうかを確認し，(b) 単語モニタリングテストにおいては，文法エラーを即時的に（オンラインで）検知できるかを調べる必要があったからである。単語モニタリングテストにおいて，非文法的な文が音声で提示され（例：*好きな有名人<u>は</u>出るテレビ），オンラインでエラーを検知した瞬間に違和感を持ち，そのエラーの直後に出てくるモニタリングする単語（例：テレビ）への反応速度が遅くなる。暗示的知識を持っている（エラーを検知することができる）ほど，文法的な文におけるモニタリングする単語への反応速度よりも，非文法的な文におけるモニタリングする単語への反応速度が遅くなると予測できる。そして，参加者ごとに，以下の計算式で，オンライン文処理における文法エラーへの敏感度を計算した。

オンライン文処理における文法エラー敏感度＝
　　非文法的な文における反応速度 － 文法的な文における反応速度

　単語モニタリングテストおよび口頭復唱テストの特徴および測定していると想定される知識の種類を表 2 にまとめる。まず，単語モニタリングテストはターゲットの文法項目の処理時間が数百ミリ秒でないと，（瞬時に非文法的な箇所に気づくことができず）文法エラー敏感度の得点が高くならないようになっている。また，音声文が流れた後に，内容質問があるため，意味に注意の焦点が向けられており，文法形式への意識を引き下げることで，暗示的知識が測れると想定される。一方，口頭復唱テストは，音声文の復唱に 8 秒という猶予があり，その時に文法形式へも意識を向けることが可能であるため，明示的知識を使って課題を行う学習者が多いと

表2. 単語モニタリングテストと口頭復唱テストにおける認知処理の違い

	単語モニタリングテスト （聞いている時）	口頭復唱テスト （復唱するまで）
提示文に対して文法処理ができる時間	数百ミリ秒	数秒
文法処理における注意の焦点	意味	意味と形式
処理の意識性	無意識	意識
測定できる文法知識の種類	暗示的知識	（自動化された）明示的知識

考えられる。同時に，時間制限があるため，素早く明示的知識を使えないと復唱できず，明示的知識でも特に自動化されつつある知識を引き出していると仮定した。

(4) 系列反応時間テスト（暗示的学習の適性テスト）

系列反応時間テスト（Serial-reaction time test）は，コンピュータの画面上の四角のマスのどこかに現れる点（●）の規則を，その規則に気づかずに（無意識に）学習できるかという能力を測定した（詳細は Suzuki & De-Keyser, 2015 を参照）。

(5) メタ言語知識テスト

5種類のターゲット文法に関して，非文法的な文をそれぞれ見せて（例：日本の図書館*に（で）勉強する時は，静かにする。），その文がなぜ非文法的かを日本語で説明させた（計5問）。

(6) Suzuki and DeKeyser (2015) の分析結果

単語モニタリングテストと口頭復唱テストの得点は，5つのターゲット文法項目の得点を合計して計算された。その得点が，系列反応時間テスト（暗示的学習テスト）とメタ言語知識テスト（明示的知識のテスト）とどのように関係するかを調べた。結果は p. 37 の図2で示した予測と合致するものであった。

○ 学習者全体（$n = 61$）で調べると，単語モニタリングテストは，メタ言語知識と系列反応時間テストとは関係が一切なかった。しかし，滞在歴が長い学習者（30か月以上日本に滞在，$n = 19$）においてのみ，単語モニタリングテストと系列反応時間テストの間に正の相関（$r = .43$）が見られた。つまり，第二言語環境における大量のインプット・日本語使用歴が蓄積すると，単語モニタリングテストは暗示的知識を測定しうることが示唆される。

○ 口頭復唱テストは，メタ言語知識と正の相関があったが，系列反応時間テストとの相関は見られなかった。つまり，口頭復唱テストは明示的知識を引き出している。復唱に時間制限があり，学習者は素早く明示的知識を使わなければならないため，口頭復唱テストは「自動化された明示的知識」を測定していると考えられる。なお，滞在歴が長いグループは，滞在歴が短いグループに比べて，メタ言語知識と口頭復唱テストの得点の相関が強い傾向があった。

5. Suzuki and DeKeyser（2015）のデータの再分析の目的

4節では，単語モニタリングテストと口頭復唱テストの得点を5つのターゲット文法項目を合計して計算した。しかし，文法項目によって，習得プロセスが異なることが予想される。そこで，以下の再分析ではさらに以下の2つの課題を検討する。

(1) 文法項目によって，言語テスト（単語モニタリングテストと口頭復唱テスト）の暗示的学習の適性（系列反応時間テスト）とメタ言語知識への関係がどのように変わるか。

(2) 文法項目によって，言語テスト（単語モニタリングテストと口頭復唱テスト）のパフォーマンスにおけるメタ言語知識の役割がどう変わるか。

元々の研究デザインでは，文法項目の特徴などを厳密に統制していなかった。そのため，以下の研究目的は探索的であり，明示的・暗示的学習のメカニズムをより詳細に明らかにし，今後の研究の方向性を探ることである。

(1) 文法項目によって明示的・暗示的学習プロセスが異なるか？

　まず，文法項目によって，単語モニタリングテストの得点が，系列反応時間テストとメタ言語知識テストとどう関係が変わるかを調べた（表3）。4 (6) で説明したように，学習者全体（$n = 61$）における相関係数だけでなく，Suzuki and DeKeyser（2015）にならい，長期滞在者（30か月以上日本に滞在）と短期滞在者（30か月未満）に分けて相関係数も計算した。最初に，系列反応時間テストとの関係であるが，学習者全体ではどの文法項目とも相関が見られなかった。一方，長期滞在者の間で，3つの項目と0.4程度の正の相関が見られた（自他動詞（$r = .42, p = .07$），場所格「で」（$r = .42, p = .07$），関係節内の「が」（$r = .37, p = .12$））。一方，メタ言語知識テストとの相関は一切見られなかった。

　なぜ，これらの3つの文法項目において，系列反応時間テストとの相関が特に強かったのだろうか。自他（相対）動詞の形態的な変化はある程度規則的ではあるが，学習者は動詞ごとに自他の意味をそれぞれ学んでいく（項目学習）可能性が指摘されている（中石，2005）。また，「で」に関しても，それぞれの動詞に関して，動作性を伴うかどうかを学ぶ必要がある。これらの項目学習に関するプロセスは，暗示的な学習の特徴の1つとされ（Hoyer & Lincourt, 1998），長期滞在者は時間をかけて，暗示的に

表3. 単語モニタリングテストの得点と
　　　系列反応時間テストとメタ言語知識テストの得点の関連

	自他動詞	従属節「が」	関係節「が」	「で」	「の」
全体（$n = 61$）					
系列反応時間テスト	$-.01$	$.11$	$-.06$	$.07$	$-.03$
メタ言語	$.13$	$-.15$	$.03$	$.13$	$.27$ *
長期滞在者（$n = 19$）					
系列反応時間テスト	$.42$	$.13$	$.37$	$.42$	$.02$
メタ言語	$-.06$	$-.14$	$.14$	$-.06$	$.29$
短期滞在者（$n = 42$）					
系列反応時間テスト	$-.23$	$.08$	$-.24$	$-.09$	$-.07$
メタ言語	$.20$	$-.26$	$.03$	$.21$	$.26$

Note. $^*p < .05$

身につけていった可能性が示唆される。関係節「が」は，自他動詞と「で」よりも相関係数が少し小さく，弱い正の相関（.37）が見られた。関係節「が」は，従属節「が」と似ているが，なぜ関係節「が」のみ系列反応時間テストと関係があったのかに関して現段階では解釈が難しい。

　次に，文法項目によって，口頭復唱テストの得点と，系列反応時間テストとメタ言語知識テストとの関係においてどう変わったかを示す（表4）。まず，すべての分析において，口頭復唱テストは系列反応時間テストと相関が見られなかった。一方，メタ言語知識テストとは正の相関が見られた。学習者全体では，「で」を除き，すべてに有意な正の相関が見られた（rの範囲は .35-.46, $p < .05$）。長期滞在者の間では，どの文法項目においても相関係数が大きかった（rの範囲は .54-.66, $p < .05$）。一方，短期滞在者の間では，相関係数が相対的に小さく，文法項目間にも大きな差が見られた（rの範囲は .12-.36）。このことは，日本への滞在期間がまだ短い場合，メタ言語知識があっても，その知識を十分に使う機会がなく，明示的知識を素早く（自動的に）使えていないからかもしれない。一方，長期滞在者になると，口頭復唱テストのような時間制限の発話テストでも，明示的知識を素早く使えるようになっていることが示唆される。

　また，短期滞在者に関しては，従属節内の「が」，関係節内の「が」，

表4. 口頭復唱テストの得点と
　　　系列反応時間テストとメタ言語知識テストの得点の関連

	自他動詞	従属節「が」	関係節「が」	「で」	「の」
全体（$n = 61$）					
系列反応時間テスト	.06	.01	.13	.07	.02
メタ言語	.37**	.43**	.46**	.29	.35**
長期滞在者（$n = 19$）					
系列反応時間テスト	−.11	.02	.03	.11	.13
メタ言語	.65**	.58**	.59**	.66*	.54*
短期滞在者（$n = 42$）					
系列反応時間テスト	.21	.01	.22	.05	.00
メタ言語	.18	.35*	.36*	.12	.36*

*$p < .05$, **$p < .02$

「の」の3種類において正の相関が見られた。しかし，自他動詞と「で」においては有意な相関が見られなかった。この2つの文法項目に関しては，メタ言語知識がすぐに役立つことはないようである。これらの項目は，上述の単語モニタリングテストと系列反応時間テストが相関したものであり，暗示的な学習プロセスの方がより働いていた可能性を示しているかもしれない（上記参照）。

(2) メタ言語知識の役割

　まず，文法項目ごとのメタ言語知識の有無（エラーを説明できたか否か）が，単語モニタリングテストの得点にどう影響を与えたかを示す（表5）。メタ言語知識がある学習者とない学習者では，どの文法項目においても，単語モニタリングテストの得点には統計的に有意な差が見られなかった（$ps > .05$）。唯一，統計的に有意な傾向が見られたのは，従属節「が」であるが，興味深いことに，メタ言語知識がない学習者の方が，知識がある学習者に比べて，単語モニタリングテストの得点が高かった。つまり，メタ言語知識がない方が，暗示的知識をより使っていたことが示唆される。他のすべての文法項目は，メタ言語知識がある方が単語モニタリングテストの得点が高いことを考えると，従属節「が」は興味深いパターンを示している。推測の域を出ないが，この従属節における「が」に関しては，明示的知識がなくても，暗示的知識の習得が進むのかもしれない。従属節「が」は，関係節「が」よりも，対応する名詞（従属節の場合は主文の主語で，関係節の場合は修飾される名詞）との距離が遠い傾向にある。もしかす

表5. メタ言語知識の有無による単語モニタリングテストの得点の比較

	メタ言語 知識あり		メタ言語 知識なし				
	N	Mean	n	Mean	t	p	d
自他動詞	50	28	11	4	0.76	.45	0.26
従属節「が」	26	20	35	66	−1.80	.08	0.47
関係節「が」	34	22	27	15	0.31	.76	0.39
「で」	53	7	8	−54	1.41	.16	0.39
「の」	44	4	17	−21	0.86	.39	0.25

ると，「が」と名詞の距離が遠いことで，従属節「が」の規則を明示的に知っていても，それを暗示的知識の獲得へ利用するのが難しいと考えることができるかもしれない。

次に，文法項目ごとのメタ言語知識の有無（エラーを説明できたか否か）が，口頭復唱テストの得点にどう影響を与えたかを示す（表6）。3つの文法項目（従属節「が」，関係節「が」，「の」）において，メタ言語知識がある学習者の方がない学習者よりも，口頭復唱テストの得点が統計的に有意に高かった（$ps < .05$）。一方，自他動詞と「で」に関しては，メタ言語知識の有無は口頭復唱テストの得点に，統計的に有意な差が現れなかった。その理由の1つとして，動詞固有の意味（自他性，動作性）を積み上げて学ぶ必要があるため，明示的知識の即効性が低いからではないかと考察できる。前節の分析から，この2つの文法項目は，日本への滞在期間が長くなることで，明示的知識の自動化と暗示的知識の両方が発達することが示唆されていて，興味深い。

表6. メタ言語知識の有無による口頭復唱テストの得点の比較

	メタ言語 知識あり		メタ言語 知識なし				
	n	Mean	n	Mean	t	p	d
自他動詞	50	11.82	11	10.18	1.62	.11	.55
従属節「が」	26	11.62	35	8.94	2.70	.01	.71
関係節「が」	34	12.06	27	8.11	3.75	.00	.98
「で」	44	12.05	17	10.82	1.45	.15	.42
「の」	53	14.74	8	12.88	2.33	.02	.90

6. まとめ

本章では，日本に住んでいる中国語母語話者を対象とし，日本語の5つの文法形態素がどのように習得されるのかを明示的・暗示的知識の観点から調べた。結果，文法項目の特徴の違いによって，明示的知識と暗示的知識の関係と習得プロセスが異なる可能性が示された。個々の名詞や動詞

の意味概念を獲得する必要のある項目学習が見込まれる文法項目に関して，暗示的学習の適性（系列反応時間テスト）と暗示的知識の関係が一貫して見られた。つまり，単純に規則で説明することが難しい項目に関しては，成人であっても，長期的に日本語を使う環境にいれば，暗示的学習が起こる可能性を示している。メタ言語知識と暗示的知識の間に関係は全く見られず，一部の文法項目（従属節「が」）は，メタ言語知識がなくても，暗示的知識の習得が進んでいる現象も確認された。

　一方，明示的知識の習得に関しては，日本滞在初期においても，今回のような上級学習者であれば，規則的な説明ができる文法項目（関係節・従属節の「が」）において，メタ言語知識が明示的知識の自動化を促進できる可能性が示された。一方，項目学習が見込まれる文法項目に関しては，日本に長期間滞在し，日本語に触れ，使う機会が増えることで，メタ言語知識が明示的知識の自動化を促進するようであった。つまり，比較的早い段階で自動化が進む文法項目と，自動化に時間がかかる文法項目があるようだ。

　以上の結果はさらなる検証が必要だが，本研究は明示的知識と暗示的知識の発達が，文法項目によって独自の発達過程を経ながら，滞在期間などの要因にも影響を受ける可能性を示した。どのような特徴の文法項目において，暗示的知識の習得のためにメタ言語知識が必要であるのか，また逆に，必要でないのかは，指導する際にも重要なデータになりうる。さらに，成人学習者の場合，教室などで意識的に学んだ明示的知識を素早く使えるようになる学習プロセスが，第二言語習得環境でも続いていることは特筆すべきだ。p. 34 図 1 にある様々なテストがまだ開発・検証されている段階（最新のレビューは，Isbell & Rogers, 2021）では，意識を伴わない暗示的知識を厳密に測定することは難しい。そのため，指導や学習によって，明示的知識か暗示的知識のどちらが習得されたかという 2 項対立で調べるには多くの問題を解決しなければならない。

　一方で，意識を伴いつつも自動的に使える明示的知識を運用できれば，コミュニケーションを取れるということが示されたことは注目に値する。すなわち，明示的知識がどう自動化していくか，またどうすれば自動化を促すことができるか，という視点からの研究が今後はさらに重要になっていくだろう（Mostafa & Kim, 2020; Suzuki, in press; Suzuki, Nakata, & DeKeyser, 2019）。

　「意識」を伴うか否かに加えて，第二言語処理の効率・素早さという「自動化」の観点から文法知識の発達を調べる試みは，効果的な第二言語学習・指導を考える際に新たな視点をもたらすだろう。

第4章 英単語の和訳はわかるのにコミュニケーションで使えないのはなぜか？
——第二言語における明示的・暗示的な語彙知識の発達

1. はじめに

"A large vocabulary is, of course, essential for mastery of a language. Second language acquirers know this; they carry dictionaries with them, not grammar books, and regularly report that lack of vocabulary is a major problem."（多くの語彙を知っていることは，言語を習得する上でもちろん不可欠である。第二言語習得者もこれを知っている。彼らは文法書ではなく，辞書を持ち歩くものだ。そして，語彙知識の不足が重大な問題だと常に述べている）という Krashen（1989, p. 440）の言葉を持ち出すまでもなく，語彙は外国語学習者にとって最も重要な知識の1つである。リーディング・リスニング・ライティング・スピーキングという4技能のいずれにおいても，語彙知識は欠かせない重要な要素であることが示されている（Nation, 2013 など）。第二言語（以下，L2）習得における語彙力の重要性を考慮すると，いかにして語彙習得を促進できるかは教師・学習者および研究者にとって大きな課題である。

1980 年代以降，L2 語彙習得の分野では数多くの研究が行われてきた。Nation（2013）によれば，語彙習得研究の約 30 ％が過去 11 年間に行われたものであり，語彙習得研究が近年大きな注目を集めていることがうかがえる。その一方で，どのようにすれば英語語彙を効果的に指導・学習できるかという点に関しては，解決されていない問題も多く存在する。特に，「英単語の和訳は知っているが，実際のコミュニケーションでは英単語が使えない」という悩みは，依然として多くの学習者が持っているのではないだろうか。本稿では，明示的および暗示的な語彙知識というキーワードを足がかりに，外国語学習において語彙を使いこなすためにはどうしたらよいのか，という点について考察する。

1．1　「語彙を知っている」とはどういうことか？

　効果的な語彙習得方法を考察する上では，まず「語彙を知っている」とはどういうことかを検討する必要がある。一般的には，L2 単語とその意味（母語訳や定義）を結びつけることができた場合，その単語を「知っている」と見なすことが多い。たとえば，以下は英語学習者の語彙知識を測定するために広く使われている語彙サイズテスト（Vocabulary Size Test; Nation & Beglar, 2007）の日本語版の一部を抜粋したものである。(https://www.victoria.ac.nz/lals/about/staff/publications/paul-nation/Vocab_Size_Test_Japanese.pdf より抜粋)

　jump: She tried to jump.
　a．浮かぶ　　　b．跳ぶ　　　c．駐車する　　　d．走る

　上の問題では，英単語 jump とその和訳である「b．跳ぶ」を結びつけることができた場合，学習者は jump という単語を知っていると見なされる。英単語とその和訳を結びつける形式のテストは，中学校・高校等でも広く用いられているものであろう。一方で，「英単語の和訳を知ること」が「英単語を習得すること」と必ずしもイコールではない。

　たとえば，Nation (2013) は，語彙知識には少なくとも (1) 発音，(2) スペリング，(3)（語根などの）単語部品（word parts），(4) 語形と意味の結びつき，(5) 概念と指示物，(6) 連想，(7) 文法的機能，(8) コロケーション，(9) 使用に関する制約という 9 つの側面があると指摘している。(1) 発音の知識があるとは，たとえば /dʒʌmp/ という発音を聞いて jump のことだと認識できたり，自分自身で /dʒʌmp/ と発音できたりすることを指す。(2) スペリングの知識があるとは，jump という綴りを見てその単語が認識できたり，jump という語を正しく綴ることができたりする能力を指す。(3) 単語部品の知識とは，たとえば injection という単語は接頭辞 in–，語根 –ject，接尾辞 –ion から構成されているという知識を指す。(4) 語形と意味の結びつきの知識とは，dog という英単語から「犬」を想起できたり，「犬」という意味から dog という語形を想起できたりする能力のことである。(5) 概念と指示物の知識とは，「犬」とはどのような動物（例．ペットとして飼われることが多く，「ワン」と鳴く 4 本足の動物）を

指すかを知っていることである。(6) 連想の知識とは，上位語（例. apple に対して fruit)・下位語（例. fruit に対して apple)・類義語（例. happy と glad)・反意語（例. happy と sad）等，ある単語と関連する単語を知っていることを指す。(7) 文法的機能の知識とは，たとえば jump には自動詞・他動詞・名詞としての用法があるという知識を指す。(8) コロケーション知識とは，a large amount, a traffic light, make a decision 等の単語の共起表現を知っていることを指す。(9) 使用に関する制約の知識とは，「get と obtain はどちらも『手に入れる』という意味で使えるが，obtain の方が get よりもフォーマルである」等，どのような場面でどの表現を使用すれば良いかに関する知識を指す。

1．2　明示的および暗示的な語彙知識

　前項で紹介した Nation（2013）の枠組みは，語彙知識を発音・連想・文法的機能等，複数の構成要素に分けるものであった。このような語彙知識のとらえ方は，包括的語彙知識アプローチ（comprehensive word knowl-edge approach）と呼ばれる（Read, 2004)。一方で，語彙知識は明示的知識（explicit knowledge）と暗示的知識（implicit knowledge）とに分けてとらえられることもある。ここで言う明示的知識とは，L2 に関する宣言的（declar-ative)で意識的な知識のことである。たとえば，「dog という英単語は『犬』という意味である」というのは，明示的語彙知識の一例である。一方で，暗示的知識とは，L2 に関する手続き的（procedural）で無意識的な知識を指す。暗示的な語彙知識は，意識して想起しなくても素早く利用可能であり，既存の言語体系における他の項目と統合されているという特徴がある（Nation & Webb, 2011)。「英単語の和訳は知っているのに，実際のコミュニケーションでは英単語が使えない」という状況は，多くの学習者が直面することであろう。これは，明示的な知識を持っているものの，暗示的な知識が十分に発達していないために起こる問題であると考えられる。

　L2 単語とその意味を結びつけることが求められる語彙レベルテスト（Vocabulary Level's Test; e.g., Nation, 2013）や語彙サイズテスト（Nation & Beglar, 2007）等，現在使われている語彙テストの多くは，語彙の明示的な知識を測定するものである。一方で，近年では暗示的な語彙知識を測定する方法もいくつか提唱されている。そのうちの１つが，プライミング課

題（priming task）によるものである（Elgort, 2011; Elgort & Piasecki, 2014; Elgort & Warren, 2014; Sonbul & Schmitt, 2013）。プライミングとは，ある言語形式や意味にあらかじめ接することが，L2 の理解または産出を促進したり逆に阻害したりすることを指す（Trofimovich & McDonough, 2011；本書第 1 章を参照）。L2 語彙習得研究においては，語彙性判断テスト（lexical decision task；ある文字列が提示され，それが実在する語であるかどうかを判断することが求められる課題）をプライミング課題として用いることが多い。プライミング課題として行われる語彙性判断テストでは，まずコンピュータ画面上でプライム語が非常に短い間参加者に提示される。その後，ターゲット語となる文字列が提示され，学習者はそのターゲット語が実在する語であるかどうかをキーボードのボタンを押すなどしてなるべく早く判断することが求められる。

　プライム語とターゲット語との間に形態的あるいは意味的関連があると，語彙性判断テストにおける反応速度が速くなることが知られている。たとえば，bathroom がプライム語として提示された後に，junction という文字列がターゲット語として提示されたとする。この場合，bathroom と junction には形態的および意味的関連がないため，プライム語 bathroom が junction に対する反応速度に影響することはない。一方で，プライム語として bunction が提示され，その後ターゲット語として function が提示されたとする（なお，英語には bunction という単語は存在しない）。この場合，bunction と function は語形が似ているため，function への反応速度は通常よりも速くなる。このような語形の類似性により得られる効果は，形態的プライミング効果（form priming effect）と呼ばれる。プライム語とターゲット語に意味的関連性がある場合にも，プライミング効果が見られる。これは，意味的プライミング効果（semantic priming effect；本書第 1 章を参照）と呼ばれる。たとえば，ターゲット語が cat の場合，cat に意味的関連がある語（例. dog）がプライム語として使われた方が，意味的関連がない語（例. key）がプライム語として使われた場合よりも，語彙性判断テストにおける反応速度が速くなる。さらに，プライム語とターゲット語に同じ文字列が使われることもある。たとえば，プライム語として cat が提示された後に，ターゲット語として同じく cat が使用される場合である。これは直接プライミング（direct priming または repetition priming）と呼ばれる手法である（e.g., Elgort, 2011；本書第 1 章を参照）。

　被験者がプライム語を意識的に認知している場合もあるため，プライミング効果がすべて暗示的な知識を反映しているとは限らない。たとえば，McNamara（2005）や Sonbul and Schmitt（2013）は語彙性判断テストによる意味的プライミングを用いて暗示的知識を測定するためには，3 つの条件を満たす必要があると述べている。1 つ目の条件は，プライム語の提示開始からターゲット語の提示開始までの間隔が短い（例．200 ミリ秒以下）ことである。これは，間隔が長すぎると，被験者がプライム語に意味的に関連したターゲット語を能動的に連想してしまい，意図的なプロセスが介在する可能性があるからである。

　2 つ目の条件は，関連割合（relatedness proportion）が約 20 ％未満であることである。関連割合とは，正反応が正解となる試行（trials；たとえば，英単語 cat がターゲット語として用いられ，「実在語である」と反応することが求められる問題）における，ターゲット語とプライム語に関連性がある試行数が占める割合のことである。たとえば，語彙性判断テストにおいて，実在語がターゲット語として用いられている試行が 40 あり，このうちの 8 試行でターゲット語とプライム語に関連性があったとする。この場合，関連割合は 20 ％（8 / 40 = 0.20）となる。プライム語とターゲット語に関連性がある試行が多すぎると，被験者がプライム語と意味的に関連したターゲット語を期待する可能性があるため，関連割合を統制することが必要である。

　3 つ目の条件は，非実在語割合（nonword ratio）が約 50 ％であることである。非実在語割合とは，ターゲット語とプライム語に関連性がない全試行に対しての，ターゲット語が非実在語である割合である。仮に，ターゲット語とプライム語に関連性がない試行が 60 あり，ターゲット語が非実在語である試行が 30 であったとする。この場合，非実在語割合は 50 ％（30 / 60 = 0.50）となる。

　語彙性判断テストが上の 3 つの条件を満たす場合，プライミング効果は明示的知識ではなく暗示的な知識を反映していると考えられる（Sonbul & Schmitt, 2013）。たとえば，junction という語を学習したばかりの学習者を対象に，junction をプライム語として使用し，意味的プライミング効果が見られたとする。この場合，学習者は junction の意味的表象に素早く

アクセスする能力を有していると見なすことができるだろう。

　プライミング課題に加えて，事象関連電位（event-related potential, ERP; Choi, Kim, & Ryu, 2014; Elgort, Perfetti, Rickles, & Stafura, 2015）も暗示的な語彙知識を測定するために使用されることがある。ERP とは，頭皮に電極を貼り付けることで記録・測定される，何らかの事象に関連して起こる脳の電位変化のことである（入戸野, 2005）。語彙習得研究においては，N400 と呼ばれる波形を調査対象とすることが多い。N400 とは，事象の提示から約 400 ミリ秒後に頂点を迎える，陰性方向（negative）の波形のことである。この N400 は，母語話者に疑似語（pseudowords）が提示された場合などに観察されることが知られている。ここで言う疑似語とは，ある言語の正字法上の規則に沿っているが，実在しない単語のことである。たとえば，bunction という文字列は英語の正字法上の規則に沿っている（bun や ction という綴りは，英単語では一般的である）が，bunction という単語は英語には存在しないため，疑似語である。英語母語話者が bunction のような疑似語を提示された場合，大きな N400 が観察されることが示されている（McLaughlin, Osterhout, & Kim, 2004）。N400 は疑似語だけでなく，既知語が意味的に正しくない文脈で使用されている際にも観察される。たとえば，"transmitter"（送信機）という英単語が，"He took a sip from the transmitter"（Kutas & Hillyard, 1980, p. 203）のように，意味的に不適切な文脈で使用されている場合には，N400 が観察される。ERP を用いて N400 等の波形を観察することで，ある単語の形態的・意味的表象に学習者が素早くアクセスする能力を有しているかどうかを測定することができる。

1．3　L2 における明示的および暗示的な語彙知識の発達

　1980 年代以降，L2 語彙習得の分野では数多くの研究が行われているものの，その大半が明示的語彙知識を測定したものである。しかし，近年はプライミング（Elgort, 2011; Elgort & Piasecki, 2014; Elgort & Warren, 2014; Sonbul & Schmitt, 2013）や事象関連電位（Choi et al., 2014; Elgort et al., 2015）等の手法を用いて，暗示的語彙知識の習得を測定する試みが行われている。これらの研究により，暗示的語彙知識の習得過程が少しずつ明らかになっている。たとえば，Elgort（2011）の研究では，成人英語学習者が単語カー

ドを用いて，英語の疑似語を学習し，学習効果は，直接プライミング・形態的プライミング・意味的プライミングという3つのプライミング課題によって測定された。分析の結果，単語カードを用いて学習された疑似語の形態的・意味的表象に，学習者が素早くアクセスする能力を有している可能性が示された。この研究結果は，「単語カードを用いて単語の意味を覚えても，実際のコミュニケーションでは使えない」という批判が当たらないことを示しており，意義深いものである。

　McLaughlin, Osterhout, and Kim（2004）は，初級フランス語を受講している大学生を対象に，L2における明示的および暗示的な語彙知識がどのように発達するかを長期的に測定した。参加者は，3回にわたって語彙性判断テスト（提示された文字列が実在する語であるかどうかを，キーボードのボタンを押す等してなるべく早く判断することが求められる課題。1. 2も参照のこと）を受けた。1回目の語彙性判断テストは，約14時間のフランス語の指導を受けた後に行われ，2回目は約63時間，3回目は約140時間の指導の後に実施された。語彙性判断テストを受ける際には，脳の電位変化（ERP）も同時に測定された。語彙性判断テストでは，3条件の項目が出題された。1つ目の関連条件では，プライム語とターゲット語との間に意味的関連性があった（例. chien［犬］と chat［猫］）。2つ目の非関連条件では，プライム語とターゲット語との間に意味的関連性はなかった（例. maison［家］と soif［渇き］）。3つ目の語彙—疑似語彙（word-pseudoword）条件では，プライム語は実在するフランス語の単語であったが，ターゲット語は疑似語だった（例. mot［単語］と疑似語 nasier）。

　1回目の語彙性判断テストでは，語彙—疑似語彙条件の項目において，他の条件よりも大きな N400 が観察された。語彙—疑似語彙条件と他の条件との差は，2回目・3回目の語彙性判断テストではさらに大きくなった。また，2回目・3回目の語彙性判断テストでは，関連条件において，非関連条件よりも小さな N400 が観察された。これらの結果は，L2単語の語形に関する知識が習得された後に，意味に関する知識が習得されることを示唆している。McLaughlin らは，約14時間の指導を受けただけで語彙—疑似語彙条件において大きな N400 が見られたことは，特筆すべきことだと述べている。1回目の語彙性判断テストまでの指導時間と学習効果との相関を分析したところ，N400 の振幅は指導時間と有意な相関があった

ものの，語彙性判断テストの正答率との間には有意な相関は見られなかった。これらの結果から，語彙性判断テストの正答率だけでは測定できないような暗示的な知識の変化を，ERP では測定できると McLaughlin らは結論づけている。彼らの研究結果はさらに，明示的語彙知識よりも前に暗示的語彙知識が発達することを示唆している。

　Sonbul and Schmitt（2013）は，英語の母語話者および学習者を対象として，読解および意図的な学習が英語コロケーション知識の発達に与える影響を調査した。明示的語彙知識は 2 種類の穴埋めテスト（記述式および選択式）によって測定され，暗示的語彙知識はプライミング課題によって測定された。彼らの研究では，穴埋めテストでは学習効果が見られたものの，プライミング課題においては学習効果が見られなかった。この結果は，明示的語彙知識の方が暗示的語彙知識よりも先に発達することを示しており，McLaughlin et al.（2004）の研究とは逆の結果である。その理由として，McLaughlin et al. では指導が長期間（約 140 時間）行われたのに対して，Sonbul and Schmitt では 1 回しか行われなかったため，プライミング課題で観測できるほどの暗示的語彙知識が発達しなかったのであろうと述べている。

　Choi, Kim, and Ryu（2014）は，韓国人英語学習者を対象として，リストによる単語学習と文脈による単語学習とを比較した。リスト条件では，L2 単語（疑似語）とその母語（韓国語）訳の一覧が与えられ，それらを覚えるように指示された。文脈条件では，英語のテキストを読むことが求められた。テキスト中には学習対象の疑似語が使われており，その意味が語注として与えられていた。学習成果は，明示的語彙知識を測定する翻訳テストと，暗示的語彙知識を測定する意味類似性判断テストによって測定された。意味類似性判断テストでは，学習対象の L2 単語が 1 秒間提示され，その後母語（韓国語）訳が 2 秒間提示された。学習者は，L2 単語と母語訳の意味が一致しているかどうかをなるべく早く判断することが求められた。意味類似性判断テストを解いている際には，脳の電位変化（ERP）も同時に測定された。意味類似性判断テスト中の N400 に関しては，文脈条件とリスト条件の単語に有意な差は見られなかった。しかしながら，翻訳テストではリスト条件で学習された単語の方が，文脈条件で学習された単語よりも有意に高い得点に結びついた。この結果は，文脈を使用した学習

はリストを使用した学習と同程度の暗示的知識に結びつくものの，明示的知識の習得に関しては，文脈を使用しない学習の方がより効果的であることを示唆している。

　以上のように，明示的語彙知識と暗示的語彙知識の両方を測定した研究では，測定された知識によって異なる結果が得られていることが多い。たとえば，Choi et al.（2014）では暗示的語彙知識においては文脈条件とリスト条件の学習効果に違いが見られなかったのに対して，明示的語彙知識では違いが見られた。また，Sonbul and Schmitt（2013）では明示的語彙知識においてのみ指導効果が見られたのに対して，McLaughlin et al.（2004）では暗示的語彙知識のみにおいて指導効果が観察された。これらの結果は，ある要因が語彙学習に与える効果を測定する際には明示的あるいは暗示的語彙知識のいずれかのみを測定するのでは不十分であり，両者をあわせて測定することの必要性を示唆していると言えよう。

2. 集中学習および分散学習が明示的および暗示的な語彙知識の発達に与える影響

　次に，L2 語彙学習において明示的および暗示的語彙知識の測定を目指した Nakata and Elgort（2018）の研究内容を紹介する。なお，本研究はデータ収集の途中であり，結果と考察は本稿執筆時点での暫定的なものであることに注意されたい。

2. 1　背景
　分散効果とは，同じ項目を学習する際に学習間隔を空ける分散学習（spaced learning）の方が，学習間隔を空けない集中学習（massed learning）と比較して，より長期的な記憶保持に結びつくという現象のことである。たとえば，ある英単語を間隔を空けずに 3 回連続して学習することは集中学習の一例である。一方で，ある英単語を 1 週間の間隔を空けて 3 回繰り返し学習することは分散学習に分類される。L2 語彙習得に関するこれまでの研究から，分散効果を利用することで，効果的な語彙習得が可能になることが示されている（e.g., Karpicke & Bauernschmidt, 2011; McGeoch, 1931; Nakata, 2015; Seibert, 1932）。しかしながら，これまでの L2 語彙習得

における分散効果を調査した研究には，少なくとも2つの限界がある。1つは，いずれの研究も明示的な語彙知識のみを測定したものであり，集中学習と分散学習のどちらが暗示的な語彙知識の習得を促進するかがわからない，ということである。Serrano and Huang（2018）は分散学習に関する先行研究（Bird, 2010; Suzuki & DeKeyser, 2017）の結果を元に，分散学習は明示的な知識の習得に効果的だが，集中学習は手続き的な知識の習得を促す可能性があると指摘している。Serrano and Huang の指摘に基づくと，集中学習と分散学習の効果を比較する上では，明示的知識のみを測定するのでは不十分であり，暗示的な知識も合わせて測定することが有益であると考えられる。

　先行研究の2つ目の限界は，いずれの研究も脱文脈化された意図的な学習（intentional learning）を扱っており，文脈からの偶発的な学習（incidental learning）において，分散効果が確認されるかどうかが十分にわかっていない，ということである。ここで言う「意図的な学習」とは，語彙学習を主目的とする活動で語彙が習得されることを指し，「偶発的な学習」とは，語彙学習を主目的としない活動で付随的に語彙が習得されることを指す。たとえば，単語カードや単語帳を使用した語彙学習は意図的な学習の一例である。一方で，英語で小説を読んでいる際にテキスト中に出てきた単語を文脈から習得することは，偶発的な学習に分類される。

　Nakata and Elgort（2018）の研究では，上の2点の限界を踏まえた上で，L2語彙学習における集中学習と分散学習の効果を比較することを目指した。1点目に関しては，翻訳テスト・多肢選択テストという明示的な語彙知識を測定するテストに加えて，意味的プライミング課題を行うことで，集中学習と分散学習が明示的のみならず暗示的な語彙知識の発達に与える影響を測定することを試みた。2点目に関しては，文脈における偶発的な学習を処遇として用いることで，脱文脈化された意図的な学習のみならず，文脈からの偶発的な学習においても分散効果が見られるかどうかを検証することを目指した。

2.2　方法
○参加者
　参加者は41人の日本人大学生または大学院生であった。平均年齢は

23.0 歳（*SD* = 8.0）であった。語彙サイズテスト（Nation & Beglar, 2007）の結果，参加者の平均推定語彙サイズは 8,785.4 ワード・ファミリー（*SD* = 1,274.1）であった（なお，ここで言う「ワード・ファミリー」とは，ある英単語の活用形と派生語を含めて，1 語と数える方式のことである）。研究は授業時間外に個別に行われ，参加者は謝礼として金銭を受け取った。

〇マテリアル

　48 の疑似語が学習対象語として作成された（例. bondit, emband, shottle）。疑似語 1 つにつき 3 つの英文（合計で 144 文）が作成された。48 の疑似語は 24 ずつの 2 つのセット（以下，セット A・B と言う）に分けられた。半分の参加者には，セット A は集中学習条件，セット B は分散学習条件に割り当てられた。残り半分の参加者には，セット B は集中学習条件，セット A は分散学習条件に割り当てられた。

　学習効果を測定するため，語彙性判断テストが作成された。語彙性判断テストは，192 の試行から構成されていた。そのうちの 24 試行では，プライム語とターゲット語は実在する英単語であり，両者に意味的関連性はなかった（例. circle–salmon）。このような試行を，以下「統制条件」と呼ぶ。別の 24 試行では，プライム語が処遇で使用された疑似語，ターゲット語が実在する英単語であり，両者には意味的関連があった。たとえば，「壁画」という意味の疑似語 narage がプライム語で，artist という英単語がターゲット語として使用された。24 試行のうち，半分は集中学習条件，残りの半分は分散学習条件の疑似語がプライム語として使用されていた。語彙性判断テストは，学習直後と 2 日後の 2 回行われた。練習効果を避けるため，語彙性判断テストは X・Y という 2 つのバージョンが用意された。ターゲット語やプライム語として使用された実在語および非実在語は，バージョン X または Y のどちらか一方にのみ使用されていた。半分の参加者は，学習直後にバージョン X を，2 日後にバージョン Y を使用して語彙性判断テストを受けた。残り半分の参加者は，学習直後にバージョン Y を，2 日後にバージョン X を使用して語彙性判断テストを受けた。

〇手続き

　実験はすべてコンピュータ上で個別に行われた。語彙性判断テスト（意

味的プライミング課題）のみがソフトウェア E-Prime で実施され，残りは本研究のために開発されたソフトウェアで実施された。

〔セッション1〕

○処遇：研究の冒頭で研究概要に関する説明がなされ，研究への参加に同意することが求められた。その後，学習対象の疑似語48が含まれた144の英文が提示された。英文を元に疑似語の意味を類推し，その意味を日本語または英語で入力することが求められた。英文は1つにつき30秒間提示された。集中学習条件に割り当てられた疑似語に関しては，その疑似語の含まれた3つの英文が同時に提示された。分散学習条件に割り当てられた疑似語に関しては，その疑似語の含まれた英文が1つずつ，約25分の間隔を置いて提示された。解答が入力された後，疑似語の意味がフィードバックとして表示された。フィードバックは，1つの英文につき10秒間表示された。

　処遇では，集中学習条件と分散学習条件の英文が交互に3つずつ提示された。たとえば，はじめに集中学習条件に割り当てられた1つ目の単語の英文が3つ，合計で90秒間表示された。その後，分散学習条件に割り当てられた3つの単語の英文が，それぞれ30秒間ずつ表示された。その後，集中学習条件に割り当てられた2つ目の単語の英文が3つ，90秒間表示された。処遇にかかった時間は合計で約96分であった。なお，処遇においては，参加者は疑似語の意味を類推するようにのみ指示され，疑似語を意図的に学習するようには指示されなかった。そのため，本研究は意図的学習ではなく，文脈からの偶発的な学習を扱っていると考えられる。

○直後語彙性判断テスト：処遇の後，語彙性判断テストが実施された。語彙性判断テストでは，実在語または疑似語のいずれかが1つずつ提示され，それぞれが英単語であるかどうかをなるべく早く判断することが求められた。

○直後翻訳テスト：語彙性判断テストの後，翻訳テストが実施された。翻訳テストでは，48の疑似語が1つずつ表示され，その意味をキーボードで入力することが求められた。

〔セッション2〕

○遅延語彙性判断テスト：セッション1の2日後に，セッション2が行われた。セッション2の冒頭で，語彙性判断テストが実施された。

○遅延翻訳テスト：遅延語彙性判断テストの後に，翻訳テストが行われた。翻訳テストの内容は，疑似語の提示順序以外はセッション1で使用されたものと同様であった。

○多肢選択テスト：遅延翻訳テストの後に，多肢選択テストが行われた。このテストでは，疑似語の意味が表示され，その意味に対応する疑似語を4つの選択肢の中から選ぶことが求められた。錯乱肢として用いられたのは，処遇で使用された疑似語のいずれかであった。

2. 3 結果

翻訳テスト・多肢選択テストにおける正答率，および語彙性判断テストにおける反応速度は，logistic mixed-effects model（mixed logit model; Bates, Machler, Bolker, & Walker, 2015）により分析された。学習条件（集中学習または分散学習）は固定効果として扱われ，参加者および項目はランダム効果として扱われた。語彙性判断テストの反応速度を分析する上では，プライム語の文字数および頻度は共変数として扱われた。プライム語の頻度は The English Lexicon Project（Balota et al., 2007）を元に計算され，対数変換されたものを用いた。また，正規分布に近接させるため，反応速度は逆変換し，−1をかけたもの（−1000 / 反応速度）を用いた（e.g., Elgort & Warren, 2014）。

2. 3. 1 翻訳テスト

学習直後に行われた翻訳テストの平均正答率は，集中学習条件では13％（$SD = 13$％），分散学習条件では44％（$SD = 25$％）であった。遅延テストの平均正答率は，集中学習条件では8％（$SD = 9$％），分散学習条件では33％（$SD = 22$％）であった（なお，遅延テストにおいて集中学習条件・分散学習条件のいずれにおいても全問不正解であった1人の学習者は外れ値として分析から除外した）。集中学習と分散学習の正答率の差は，直後テスト（$t = 9.58, p < .001$）および遅延テスト（$t = 8.80, p < .001$）のいずれにおいても有意であった。この結果は，直後テスト・遅延テストのいず

れにおいても，分散学習の方が集中学習よりも高い保持率に結びついたことを示唆している。

2. 3. 2 多肢選択テスト

学習の2日後に行われた多肢選択テストにおける平均正答率は，集中学習条件では56％（$SD = 17$％），分散学習条件では76％（$SD = 17$％）であり，この差は統計的に有意であった（$t = 9.29, p < .001$）。この結果は，多肢選択テストにおいても，分散学習の方が集中学習よりも高い保持率に結びついたことを示している。

2. 3. 3 語彙性判断テスト

学習の2日後に行われた語彙性判断テストにおいて，集中学習条件・分散学習条件に割り当てられた疑似語の正答率がともに0％であった6人の学習者は，外れ値として分析から除外した。また，意図的な処理を排除するため，ターゲット語の反応時間が2秒以上のものも外れ値として除外した（Trofimovich & John, 2011）。反応時間は正答のみに関して計算された。学習直後に行われた語彙性判断テストでは，集中学習条件において27ミリ秒（$SD = 108$），分散学習条件において10ミリ秒（$SD = 103$）のプライミング効果が見られた。しかし，この差は統計的に有意ではなかった。学習の2日後に行われた語彙性判断テストにおいては，集中学習条件で11ミリ秒（$SD = 117$），分散学習条件で33ミリ秒（$SD = 106$）のプライミング効果が見られ，この差は統計的に有意であった（$t = -2.16, p = .031$）。この結果は，遅延テストにおいて，集中学習よりも分散学習条件の方がより大きなプライミング効果に結びついたことを示唆している。

2. 4 考察

Nakata and Elgort（2018）の結果は，分散学習によりL2語彙習得が促進されるという先行研究の結果を支持するものである（e.g., Karpicke & Bauernschmidt, 2011; McGeoch, 1931; Nakata, 2015; Seibert, 1932）。この研究はさらに，（1）分散効果は脱文脈化された意図的な学習のみならず，文脈からの偶発的な学習においても見られること，および（2）分散学習は明示的な語彙知識のみならず，暗示的な語彙知識の習得も促進することを示

唆している。

　次に，本研究から得られる教育的示唆について述べる。本研究は，文脈から英単語を学習する際にも，学習間隔を空けることで語彙習得が促進されることを示唆している。この結果は，コンコーダンサー（concordancer）を用いた KWIC（Key Word in Context）形式の語彙学習に関して，特に大きな示唆を持つ。KWIC とは，任意のキーワードがどのように使用されているか，複数の用例を一覧にしたものである。たとえば，"round" という英単語をキーワードにして KWIC 検索をすることで，"round" という単語がどのような文脈でどのように使われているか，複数の用例に接することができる（図1）。KWIC を用いた語彙学習は，効果的であると多くの研究者が主張している（e.g., Boulton & Cobb, 2017; Nation, 2013; Schmitt, 2000）。しかしながら，学習対象語が間隔をおかずに複数回繰り返されているという点で，KWIC は集中学習の一種であると言える。集

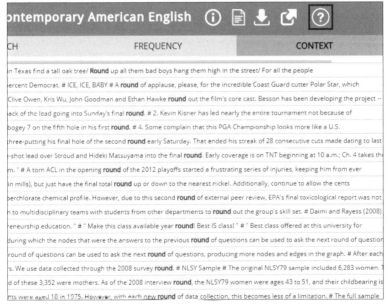

図1．英単語 "round" をキーワードにした KWIC の具体例
Corpus of Contemporary American English
(https://www.english-corpora.org/coca/) より

中学習よりも分散学習の方が文脈からの語彙習得を促進するという本研究の結果を考えると，ある単語を含む複数の用例を一度に KWIC 形式で提示するよりも，複数回に分けて一文ずつ提示する方が有益だと考えられる。

　一方で，Nakata and Elgort（2018）の研究には，いくつかの限界もある。1 つ目の限界は，被験者数が比較的少ない（41 人）ことである。この研究はまだ進行中のものであるため，今後より多くの参加者からデータを収集する予定である。2 つ目の限界は，学習間隔がまったくない条件（集中学習条件）と学習間隔が約 25 分間の条件（分散学習条件）の 2 種類のみの比較していない点である。今回の研究から，「学習間隔を空けないよりも空けた方がよい」という可能性が示されたが，「どのくらいの学習間隔を用いればよいのか」ということに関しては示唆は得られなかった。今後の研究では，複数の学習間隔（例．1 分間，10 分間，25 分間など）の効果を調べることが有益であろう。また，これまでの研究では，短い学習間隔は短期的な記憶保持を促進する一方，長い学習間隔は長期的な保持を促進する可能性が示されている（e.g., Bird, 2010; Nakata & Webb, 2016）。文脈からの語彙学習においても，事後テストのタイミングによって最適な学習間隔が変わるかどうかは，興味深い研究課題である。

3. まとめ

　本稿の冒頭で述べたように，L2 語彙を「習得する」こととは，その語の母語訳を覚えることとイコールではない。学習者は文法的機能・コロケーション・使用に関する制約等，語彙知識の様々な側面を身につける必要がある（Nation, 2013）。また，流暢な言語使用を行うためには，語彙の暗示的知識を身につけ，語彙の形態的・意味的表象に無意識的・自動的にアクセスする能力が不可欠である。しかしながら，L2 語彙習得に関して行われたこれまでの研究の多くが明示的な語彙知識のみを測定したものであるため，どのようにすれば暗示的な語彙知識の習得を促進できるかは十分に明らかになっていない。コミュニケーションにおいて語彙を使いこなす力をどのように育成できるか，今後さらに研究を積み重ねていくことが求められるだろう。その際には，本稿で紹介したプライミング課題や ERP 等の手法が有益になるであろう。

第5章　中学生の文法知識はどのように発達するのか？

1. はじめに

　第二言語の文法知識の習得は，明示的知識と暗示的知識の区分を考慮して研究されてきた。Ellis（2009）によれば，前者は学習者が言語について自覚している分析的な知識とメタ言語知識から成り，後者は手続き的で無意識的な知識である。前者の測定方法としては時間制限のない文法性判断テストやメタ言語テストなどが用いられ，後者の測定方法としては自発的な表出を求める課題，誘出模倣課題，時間制限のある文法性判断テストなどがある。本章では，時間制限のない文法性判断テストを用いて，日本語母語話者による英語の文法知識がどのように発達するのかに焦点を当てる。

　文法性判断テストは，時間制限がある場合には暗示的知識を，時間制限がない場合には明示的知識を反映すると考えられてきたが，Gutiérrez（2013）はさらに判断する文の文法性に注目し，時間制限のない文法性判断テストのうち，文法的な文の判断は暗示的知識を，非文法的な文の判断は明示的知識を反映するとしている。この Gutiérrez の想定に基づいて，中学生の文法知識が1年間の英語学習の中でどのような変容を示すのかについて，指導のタイミング，処理可能性理論，日本語と英語の文法的違いの点から考察する。

2. 中学生の文法知識を分析する3つの観点

2. 1　指導のタイミング

　第1の分析の観点は指導のタイミングである。第二言語習得研究において英語を対象に文法形態素や統語構造（否定文，疑問文，関係代名詞など）の習得順序や発達順序が研究されてきた。意味内容に焦点が置かれた発話など，明示的知識よりは主として暗示的知識を活用するような言語タスクにおいて，年齢，学習環境，母語によらず，多くの第二言語学習者が一定

の順序や段階を経て目標言語を習得することが報告されている（e.g., Lightbown & Spada, 2013）。自然環境か学校環境かという違いによらずに一定の順序が見られることから，学校での指導が暗示的文法知識の習得の順番に与える影響は大きくないと考えられている（e.g., 白畑，2004, p. 80）。また，日本の教科書で扱われる文法の指導順序と習得順序は必ずしも一致しないことも指摘されている（e.g., 白畑，2004, p. 26）。一方で，指導が習得の速さに影響を与えることについては支持されている。たとえば，教授可能性仮説（e.g., Pienemann, 1989）は，第二言語の発達段階に合った指導は習得を促進する可能性があることを示している。また，フィードバックの効果についても，発達段階に合ったフィードバックであれば習得が進むことが示されている（e.g., Mackey & Philp, 1998）。

　これらの研究は暗示的知識に焦点を当てているが，明示的知識が長期的にどのように獲得されるのかに関する研究として，木村・金谷（2006）や木村・金谷・小林（2010）がある。木村らの研究は，日本の中学生に対して，明示的知識を活用するような文法テストを行い，名詞句の把握に焦点を当てて縦断的に調査した。その結果，導入のタイミングから定着まで時間がかかることが示された。日本の中学校では英語は検定教科書を用いて指導される。検定教科書は，学習指導要領で示される言語材料が配列されており，接触する英語の構造や言語使用の活動に大きな影響を与えている。たとえば，多くの検定教科書において関係代名詞は中学3年生で扱われているが，中学1年生や2年生では，検定教科書を通して関係代名詞に触れることはなく，また関係代名詞を使ってコミュニケーションを行う機会もほとんどない（学習指導要領改訂により今後変わる可能性はある）。一方で，一旦導入された文法事項はその後繰り返し検定教科書の中で用いられることになる。本章では木村らの研究よりも幅広い文法事項を取り上げて，このような日本の学習環境の中で中学生が英語の文法知識をどのようにまたどの程度発達させるのかを検討する。

2.2 処理可能性理論

　第2の分析の観点は，前節で言及した発達順序の説明を試みる Pienemann（1998, 2005）による処理可能性理論である。処理可能性理論では，第二言語を使用できるようになるためには，（1）語などにアクセスする，

(2) 語の中の文法情報を処理する，(3) 語と語の間で文法情報を交換する，
(4) 句と句の間で文法情報を交換する，(5) 文の中の統語的な役割を付与
する，(6) 主節と従属節を区別して処理するといった処理手続きを遂行で
きるようになることが必要であるといったことを想定している。これらの
処理手続きは累積的に身につける必要があるとし，その結果，発達段階が
観察されるとしている。たとえば，疑問文の発達段階として，

　(第1段階) 語や定型句（Baseball? / What's this?），
　(第2段階) 平叙文＋上昇イントネーション（You like baseball?），
　(第3段階) Do の 前置（Do you like baseball? / *Do he like baseball?）や
　　　　　　 wh 句の前置（*What you like? / *Why you like baseball?），
　(第4段階) 倒置（Are you a baseball player? / Is he good at baseball?），
　(第5段階) wh 疑問文内の倒置（What sport do you like? / What can you
　　　　　　 cook?），
　(第6段階) 間接疑問（I wonder what he cooked.）

という段階が見られるとしている。
　日本語母語話者の英語学習者を対象に処理可能性理論を検証した研究と
して，Tode（2003）と Sakai（2004, 2008）がある。Tode（2003）は，中学
2 年生と 3 年生を対象にして進行形の習得の研究を横断的に行った。
Sakai（2004, 2008）は，大学生を対象に発話データを収集し，処理可能性
理論の妥当性を検証した。日本語母語話者を対象にして，処理可能性理論
の点からどのように発達するのかを縦断的に調べた研究はまだない。そこ
で，処理可能性理論の点から文法知識の変容を分析する。なお，処理可能
性理論は理論的発展が行われ，拡大版処理可能性理論が提案されている
が，本稿では原版に基づいて分析する。

2. 3　日本語と英語の文法規則の関係

　第 3 の分析の観点は日本語と英語の文法規則の関係である。White
（1989）によれば，目標言語の規則が第一言語の規則の部分集合になる時，
学習者は肯定証拠のみで規則を習得することは論理的に不可能であり，何
らかの否定証拠（negative evidence）が必要であるという考え方を示してい
る。Sakai（2015）は，日本語の規則が英語の規則の部分集合になる例と
して，形容詞の語順と被害の受け身（adversative passive）を挙げている。

英語では名詞に前置される形容詞の順序が通常固定されている。Celce-Murcia and Larsen-Freeman（1999）は，形容詞の順序が固定されていない言語が第一言語である英語学習者は，形容詞の語順の点で誤りを犯すと指摘している（p. 392）。同様に，安井（1996）は，日本語では，「赤い大きな本」も「大きな赤い本」も許容するが，英語では a large red book という語順のみが許容されることに注意するように指摘している（p. 121）。形容詞の語順は中学校学習指導要領に示されていないため，中学校の検定教科書で明示的に扱われることがなく，意識的に指導されることがないと考えられる。そのため，「サイズ＋色＋名詞」という語順の肯定証拠（例えば，A big blue car. という発話などの文例）をいくら受け取っても，「色＋サイズ＋名詞」という語順が誤りであることを学ぶ機会がないと考えられ，後者の語順の非文法性の学習が難しいと想定される。

被害の受け身は間接受動文（indirect passive）とも呼ばれる。英語も日本語も，（1b）や（1d）で示すように，他動詞の目的語を主語位置に移動させることによって受動態を作ることができる。一方で，英語では（1c）で示すような受動態を作ることはできないが，日本語では可能である（1a）。

a. ケンは男性に足を蹴られた。

b. ケンの足が男性に蹴られた。

c. *Ken was kicked his leg by a man.

d. Ken's leg was kicked by a man.

e. Ken had his leg kicked by a man.

このような構造の違いにより，Celce-Murcia and Larsen-Freeman（1999）は，日本語話者の英語学習者は英語の受動態を学ぶのに困惑すると述べている（p. 343）。実際に，日本語話者の英語学習者は日本語においての被害の受け身を英語に転移させた誤りを産出したり，（1c）のような英文を容認したりすることが報告されている（e.g., Izumi & Lakshmanan, 1998）。中学校では受動態は指導されるものの，本稿執筆時点では被害の受け身が英語では非文法的であることを扱う検定教科書はなく，（1d）のような受動態の肯定証拠を受けていても，（1c）を容認しないことを学ぶのは難しいと考えられる。

英語の規則が日本語の規則の部分集合となる形容詞の語順や受動態に関して，中学生は肯定証拠だけでどのように学ぶのかを分析する。

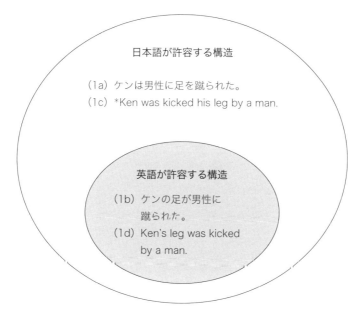

図. 英語と日本語の規則の部分集合

3. 方法

3. 1 調査実施時期と参加者

本調査では，文部科学省委託事業「中学校・高等学校における英語教育の抜本的改善のための指導方法等に関する実証研究」（信州大学）で 2016 年度と 2017 年度に得られたデータの一部を分析した。この事業は，中学校 4 校と高等学校 3 校が拠点校となって，授業改善を図り，その成果検証を行うものである。2016 年度と 2017 年度の授業改善は話すことの指導に焦点を当てて，即興的に話す活動を多く取り入れる授業改善が行われた。

拠点校において，各年度 11 月から 12 月にかけて，質問紙票調査，スピーキングテスト，外部英語力試験等を実施している。本分析では，

2016年度から参加している中学校（A中学校，B中学校，C中学校）から得られた質問紙票調査の一項目である文法性判断テストの回答に焦点を当てる。

2016年と2017年の2年間の調査に回答した学習者のうち，「海外に住んだことがありますか」という質問に「ある」と回答した140人を除いた。その結果，中学生822人を分析対象とした。表1は内訳を示している。

表1．調査参加者の内訳

		1学年	2学年
A中学校	公立	110人	110人
B中学校	国立	169人	182人
C中学校	国立	123人	128人
	合計	402人	420人

注：学年は2016年度の学年を示している。

3．2　測定具

測定具は23項目（p. 81，章末資料A参照）から成る文法性判断テストであった。拠点校で採用されていない中学校検定教科用図書を参考にして，主として中学1年生で学ぶ文法事項4項目（名詞の単数形・複数形，be動詞の疑問文，wh疑問文，三人称単数現在形)，主として中学2年生で学ぶ文法事項3項目（過去進行形，不定詞，比較)，主として中学3年生で学ぶ文法事項3項目（受動態，現在完了，現在分詞の形容詞的用法）を選んだ。また形容詞の語順と被害の受け身を取り上げた。各項目については文法的な英文と非文法的な英文を作成したが，被害の受け身については非文法的な英文のみを作成した。

文法性判断テストは，回答者が好きなだけ時間をかけることのできる時間制限のないテストであった。Gutiérrez（2013）の主張に基づいて，本分析では，文法的な文の判断は暗示的知識をより反映し，非文法的な文の判断は明示的知識をより反映すると想定する。

指示文は，「次の文は，英語の間違いがあるか，正しいか判断をして下

さい。」であった。未習の語彙や文法が含まれる可能性があるため、「なお、英文の単語などが難しく、意味がわからない場合には、『英文がわからない』に○をして下さい。」と指示を与えた。文法性判断として、「正しくない」、「たぶん正しくない」、「たぶん正しい」、「正しい」、「英文がわからない」のいずれかを選択するよう学習者に求めた。採点は、文法性によって「正しくない（もしくは正しい）」と「たぶん正しくない（もしくは「たぶん正しい」）」の両方を 1 点とし、その他の回答を 0 点とした。

　Pienemann（1998）によれば、処理可能性理論の処理手続きの遂行は、話したり書いたりする表出技能だけでなく、聞いたり読んだりする受容技能の言語処理においても働く。文法性判断テストは、英文を読み、言語処理を行い、文法的な正誤を判断する課題である。英文を読む際に、処理手続きの遂行が求められるため、処理可能性理論の適用が可能であると考えた。

4. 結果と考察

4. 1　指導のタイミングの点からの分析
4. 1. 1　各文法事項の正答率
　p. 75 の表 2 は、文法事項（名詞の単数形・複数形、三人称単数現在形、過去進行形、不定詞、比較、受動態、現在完了、現在分詞の形容詞的用法）に関して、2016 年度 1 年生の 1 年次と 2 年次の結果と 2016 年度 2 年生の 2 年次と 3 年次の結果を示したものである。マクネマーの検定を実施し、学年が上がる際に統計的に有意に変容のあった項目には*を示している。各群で検定を 16 回行ったため、有意水準はボンフェローニの調整により、$p = .003$ に設定した。

4. 1. 2　2016 年度 1 年生
　まず、2016 年度 1 年生について述べる。1 年次においても 2 年次においても、9 割以上の学習者が正答した項目は、単複（名詞の単数形・複数形）の文法的な文（I have a cat.）のみであった。一方で、単複の非文法的な文（*I like animal.）の正答率は、1 年次は 0.25 と文法事項の中で最も低いものであり、2 年次には向上したものの正答率は 0.44 にとどまった。

表2. 各文法事項の正答率

| 項目
（学年・文法性） | 2016 年度 1 年生 | | | | 項目
（学年・文法性） | 2016 年度 2 年生 | | | |
| | 1 年次 | | 2 年次 | | | 2 年次 | | 3 年次 | |
	M	SD	M	SD		M	SD	M	SD
単複 (1G)	0.94	0.23	0.95	0.21	単複 (1G)	0.97	0.17	0.95	0.23
現在分詞 (3G)	0.58	0.49	0.57	0.50	過去進行形 (2G)	0.77	0.42	0.86	0.35*
3 単現 (1G)	0.57	0.50	0.71	0.45*	比較 (2G)	0.66	0.47	0.77	0.42*
3 単現 (1U)	0.56	0.50	0.73	0.45*	不定詞 (2G)	0.66	0.48	0.78	0.41*
比較 (2G)	0.51	0.50	0.63	0.48*	3 単現 (1U)	0.65	0.48	0.80	0.40*
不定詞 (2G)	0.45	0.50	0.69	0.46*	3 単現 (1G)	0.64	0.48	0.73	0.44
受動態 (3G)	0.34	0.48	0.46	0.50*	不定詞 (2U)	0.63	0.48	0.77	0.42*
現在完了 (3G)	0.34	0.48	0.40	0.49	現在分詞 (3G)	0.56	0.50	0.86	0.35*
過去進行形 (2U)	0.34	0.47	0.45	0.50*	比較 (2U)	0.46	0.50	0.71	0.46*
比較 (2U)	0.29	0.46	0.48	0.50*	受動態 (3G)	0.45	0.50	0.75	0.43*
現在分詞 (3U)	0.29	0.46	0.43	0.50*	単複 (1U)	0.44	0.50	0.56	0.50*
不定詞 (2U)	0.29	0.45	0.68	0.47*	現在分詞 (3U)	0.43	0.50	0.44	0.50
過去進行形 (2G)	0.28	0.45	0.81	0.40*	過去進行形 (2U)	0.42	0.49	0.58	0.49*
現在完了 (3U)	0.28	0.45	0.29	0.46	現在完了 (3G)	0.38	0.49	0.86	0.35*
受動態 (3U)	0.26	0.44	0.35	0.48*	受動態 (3U)	0.31	0.46	0.58	0.49*
単複 (1U)	0.25	0.43	0.44	0.50*	現在完了 (3U)	0.31	0.46	0.60	0.49*

注. 2016 年度の回答の正答率が高い項目から順番に並べている。G ＝文法的な文，U ＝非文法的な文。G と U の前の数字は，当該文法事項が扱われる学年を示している。単複は，名詞の単数形・複数形。M と SD は，それぞれ平均値と標準偏差。網掛けは，正答率が 0.2 以上向上した項目。*p ＜ .003。

単複に関する明示的文法知識の獲得は容易でなく，半数以上の学習者は1年次から2年次にかけての期間では学べなかったことが示唆される。

　1年生で学ぶ文法事項に三人称単数現在形がある。本事項は1年次において，文法的な文も非文法的な文も0.57と0.56という正答率を示し，他の項目と比べると高かった。また，2年次には，文法的な文も非文法的な文も0.71と0.73という正答率を示し，向上が認められた。このことから，三人称単数現在形については，1年次から2年次にかけて，暗示的文法知識も明示的文法知識も学習が進んだと考えられる。

　1年次から2年次にかけて大きく向上が見られたのは，過去進行形（文法的な文0.28から0.81，非文法的な文0.34から0.45），不定詞（文法的な文0.45から0.69，非文法的な文0.29から0.68），比較（文法的な文0.51から0.63，非文法的な文0.29から0.48）など2年生で学ぶ文法事項であった。これらの項目は，文法性にかかわらず向上が認められ，そのうち3項目は0.2以上正答率が向上した。このことから，2年生の授業でこれらの文法事項が扱われることによって，暗示的知識と明示的知識の両方を獲得する学習者が多くなったことを示唆している。

　一方で，3年生で学ぶ現在分詞の文法的な文，現在完了の文法的な文と非文法的な文は，1年次から2年次にかけて変化がほとんどなかった。現在分詞に関する非文法的な文（*The girl wears a blue shirt is my sister.）については，正答率が0.29から0.43へと高くなったが，これは現在分詞の形容詞用法を理解したことによる判断というよりは，動詞が2つあり，文として成り立たないことによる判断と推測される。

4.1.3　2016年度2年生

　次に2016年度2年生について述べる。2年次においても，9割以上の学習者が正答した項目は，単複の文法的な文（I have a cat.）のみであった。これは2016年度1年生と同様の結果であった。一方で，単複の非文法的な文（*I like animal.）の正答率は，0.44から0.56へと高くなっていた。単複の非文法的な文に関する正答率について，1年下の2016年度1年生では1年次0.25，2年次0.44と向上したことをあわせて考えると，集団が異なるが，単複に関する明示的文法知識は1年次から3年次にかけて徐々に学ばれていると言える。

1年生で学ぶ三人称単数現在形，2年生で学ぶ不定詞と比較の正答率は，文法的な文も非文法的な文法も，2年次から3年次にかけて向上し，7割以上の学習者が暗示的知識と明示的知識を得たと考えられる。一方で，2年生で学ぶ過去進行形は，文法的な文（I was playing baseball when my mother called me.）の正答率は0.77から0.86に上がったが，非文法的な文（*I am sleeping when you called me.）の正答率は，0.42から0.58に上がったものの低いままであった。この課題文では，従属節の過去時制を認識して，主節の時制を過去にする必要がある。この文法事項に関する明示的文法知識は，3年次でも6割弱の学習者しか身につけていないことが示された。

　3年生で学ぶ文法事項のうち，受動態と現在完了については正答率の向上が認められた。最も低い正答率であった受動態の非文法的な文に関しても，6割弱の学習者が正答した（0.58）。一方で，3年生で学ぶ文法事項のうち，現在分詞の非文法的な文については，2年次の正答率が0.43，3年次の正答率が0.44であった。2016年度の1年生の正答率は，1年次が0.25であり2年次に0.43へと高くなったが，2016年度の2年生の正答率は2年次から3年次にかけて変化がほとんどなかったこと（0.43から0.44）から，現在分詞の形容詞的用法の明示的文法知識の獲得は難しいと考えられる。

4.1.4　まとめ

　2016年度1年生も2年生も，また，どの学年次においても，9割以上の正答率を示したのは単複の文法的な文だけであった。一方，単複の非文法的な文に関する結果より，単複に関する明示的知識は獲得が難しく，また1年次から3年次にかけて時間をかけて獲得される可能性が示された。

　基本的には，指導のタイミングによって文法知識の向上に差が見られた。1年生で指導される三人称単数現在形は，文法形態素の習得研究によれば他の文法形態素よりも遅くに習得されることが報告されているが，本調査では早い段階から高い正答率を示した。文法形態素の習得研究では意味内容に焦点が置かれた発話などの暗示的知識を活用するタスクが用いられていることを考えると，三人称単数現在形の規則は，明示的文法知識としては比較的早期に獲得が可能であり，文法的な文の判断も容易にできる

が，適切に使用できるような知識の獲得までに時間がかかることが示唆される。

指導のタイミングに関して，3年生で指導される現在分詞形の形容詞的用法は，3年次の調査時においても低い正答率のままであった。調査時期が10月～12月であったため，3年生の比較的早い時期に扱われている受動態や現在完了形と比べると，学習が十分進まなかった可能性がある。

4．2　処理可能性理論の点からの分析

表3は，2016年度1年生と2年生の疑問文に関する変容（平均値と標準偏差値）とマクネマー検定の結果を示したものである。文法的な文は，Are Ken and Mike good at baseball? と What time do you get up every day? である。前者はbe動詞と主部の倒置を含む疑問文であり，後者はwhat timeというwh句を前置させた上で，文構造の内部で助動詞（do）と主語（you）を倒置させた疑問である。処理可能性理論からは，Are Ken and Mike good at baseball? よりも What time do you get up every day? の方が，発達段階的に複雑であると説明される。非文法的な文は，*Do you are a good player? と*What time it is? である。前者は，doを文の前に付けて疑問文を作る。この操作は，do-fronting（Doの前置）と呼ばれる。一方，後

表3．疑問文の正答率

| 課題文（学年・文法性） | 2016年度1年生 | | | | 2016年度2年生 | | | |
| | 1年次 | | 2年次 | | 2年次 | | 3年次 | |
	M	SD	M	SD	M	SD	M	SD
Do you are a good player? (1U)	0.84	0.36	0.89	0.31	0.90	0.30	0.90	0.30
What time do you get up every day? (1G)	0.71	0.46	0.88	0.32*	0.86	0.34	0.90	0.30
What time it is? (1U)	0.53	0.50	0.72	0.45*	0.69	0.46	0.75	0.44*
Are Ken and Mike good at baseball? (1G)	0.46	0.50	0.61	0.49*	0.32	0.47	0.58	0.49*

注．2016年度の回答の正答率が高い項目から順番に並べている。*$p <$ .001。

者は，what time という wh 句を前置させたが，主語（it）と be 動詞（is）が倒置されていない疑問文である。処理可能性理論からは，Do you are a good player? の処理よりも What time it is? の処理の方が難しいとされる。

　文法的な文については，処理可能性理論の予測とは異なる結果であった。より複雑な処理を求める What time do you get up every day? の方が，Are Ken and Mike good at baseball? よりも正答率が高かった。また，前者の疑問文について，2016 年度の 1 年生は，1 年次から 2 年次にかけて統計的に有意に正答率が上がり（0.71 から 0.88），2016 年度の 2 年生は，2 年次から 3 年次にかけて高い正答率を維持した（0.86 から 0.90）。一方，後者の疑問文については，2016 年度の 1 年生も 2 年生も，学年が上がるにつれて統計的に有意に正答率が上がったものの，正答率は低いままであった。

　非文法的な文については，処理可能性理論の予測と同じ結果であった。*Do you are a good player? に関しては，2016 年度 1 年生は，1 年次も 2 年次も，非文法的な疑問文を誤りであると適切に判断している（0.84 と 0.89）。2016 年度 2 年生も高い正答率を保っている（0.90 と 0.90）。両群とも統計的に有意な変容は見られなかった。一方，非文法的な疑問文*What time it is? については，2016 年度 1 年生の 53 ％しか誤りであると適切に判断していなかったが，正答率が統計的に有意に向上し，2 年次には72 ％の生徒が適切に判断できるようになった。2016 年度 2 年生についても，正答率が統計的に有意に上がった。

　1 年次の段階で，What time do you get up every day? を正しく適格であると判断しており，*What time it is? を誤って適格であると容認している（つまり What time を前置させた構造を正しいと判断している）ことから，この段階では wh 句を前置させる処理を遂行できると推測される（第 3 段階）。倒置処理については，1 年次から*Do you are a good player? という非文法的な文を誤りであると判断していることから，do-fronting だけでなく，倒置処理を行える第 4 段階に達していることが示唆される。しかしながら，Are Ken and Mike good at baseball? という be 動詞と主語が倒置される文を容認する生徒の割合が少なくないこと（つまり，正答率が低いこと）から，3 年次になっても第 4 段階が継続していることが示唆される。また，3 年次において*What time it is? を容認する生徒の割合が 25 ％いることか

ら，これらの生徒はまだ wh 疑問文の中で倒置処理ができる第 5 段階に達していないことが示唆される。

　一方，今回の結果では，What time do you get up every day? という構造の内部で倒置することが必要な wh 疑問文の正答率が予測より高かった。疑問文の内部で do と you が倒置されているが，これは倒置処理を行える段階にいるわけではなく，do-fronting と wh-fronting を重複して行っている可能性もある。今後も検討が必要である。

4.3　日本語と英語の文法規則の関係
4.3.1　形容詞の語順
　表 4 は，サイズ（big や tall）と色（brown や blue）という形容詞の語順に関する結果を示している。文法的に正しい語順「サイズ＋色」を含む文（There are two big brown pictures on the wall.）の正答率は，2016 年度 1 年生については 0.40（1 年次）から 0.78（2 年次）へ，2016 年度 2 年生については 0.67（2 年次）から 0.85（3 年次）へ統計的に有意に向上した。一方で，文法的に誤っている語順「色＋サイズ」を含む文（*There is a blue tall cup on the table.）を誤りであると適切に判断する正答率は，2016 年度 1 年生については 0.29（1 年次）から 0.12（2 年次）へ，2016 年度 2 年生については 0.22（2 年次）から 0.12（3 年次）へと下がった。正答率の低下は統計的に有意であった。つまり，「色＋サイズ」という語順を英語に

表 4.　形容詞の語順の正答率

| 課題文（学年・文法性） | 2016 年度 1 年生 | | | | 2016 年度 2 年生 | | | |
| | 1 年次 | | 2 年次 | | 2 年次 | | 3 年次 | |
	M	SD	M	SD	M	SD	M	SD
There are two big brown pictures on the wall.（2G）	0.40	0.49	0.78	0.42*	0.67	0.47	0.85	0.36*
There is a blue tall cup on the table.（2U）	0.29	0.46	0.12	0.33*	0.22	0.41	0.12	0.32*

注．　*p ＝ .000。

おいて容認する傾向にあり，学年が上がるとさらに誤った判断をする学習者が増えたことが示された。

4. 3. 2　受動態

　表 5 は，受動態の文法的な文と非文法的な文に関する結果（4. 1 の再掲）と被害の受け身を含む文に関する結果を示している。表 5 は 2016 年度 1 年生の結果も示しているが，受動態は主として 3 年生で学ぶ文法項目であるため，本項では 2016 年度 2 年生の結果について述べる。

　2016 年度 2 年生は，3 年次に受動態を学ぶことによって，受動態の文法的な文と非文法的な文を適切に判断できるようになった（0.45 から 0.75，0.31 から 0.58）。しかしながら，被害の受け身を非文法的であると判断することはできず，2 年次と 3 年次の正答率はほとんど変化がなかった（0.24 から 0.23）。受動態の理解が深まったにもかかわらず，被害の受け身を正しいと判断する学習者が 75 ％以上いたことになる。

表 5. 受動態の正答率

課題文（学年・文法性）	2016 年度 1 年生				2016 年度 2 年生			
	1 年次		2 年次		2 年次		3 年次	
	M	SD	M	SD	M	SD	M	SD
This temple was built in the 7th century. (3G)	0.34	0.48	0.46	0.50**	0.45	0.50	0.75	0.43**
English and French spoken in Canada. (3U)	0.26	0.44	0.35	0.48*	0.31	0.46	0.58	0.49**
Ken was kicked his leg by a young man in the train. (3U 被害の受け身)	0.19	0.39	0.27	0.45**	0.24	0.43	0.23	0.42

$*p = .002$, $**p = .000$。

4.3.3 まとめ

　形容詞の語順および被害の受け身に関する結果から，中学3年間の指導や英語の接触（肯定証拠）からは得ることのできない文法知識が存在することが示唆される。White（1989）が指摘するように，目標言語の規則が，第一言語の規則の部分集合を構成する時，肯定証拠だけでなく，否定証拠が必要になることを支持する結果であると考えられる。

5. おわりに

　本章では，日本語話者である中学生が1年間の英語学習を通してどのように文法知識を発達させるのかについて，時間制限のない文法性判断テストの結果を用いて分析した。その際，指導のタイミング，処理可能性理論，日本語と英語の文法規則の関係の観点から分析した。

　日本における英語学習は外国語環境であり，英語の接触や使用の機会は授業が中心となる。また，検定教科書においては，接触する英語の構造や言語使用の活動に偏りがある。このような中では，指導のタイミングが文法知識の獲得の大きな要因となりうることが示された。文法形態素の習得研究と異なり，三人称単数現在形の正答率が早い段階から高かったのは時間制限のない文法性判断テストの使用という測定方法の違いによる可能性がある。また，名詞の単数形・複数形の非文法的な文の正答率が1年次から徐々に上がったように長い時間をかけて文法知識が学ばれる文法項目も観察された。

　処理可能性理論で想定される段階が，時間制限のない文法性判断テストの非文法的な文に関する結果において見られた。文法性を判断するために英文を処理しなくてならないという点で，処理可能性理論が予測する段階が見られた可能性がある。一方で，文法的な文の判断については，予測通りの結果ではなかった。今回の調査では項目数が少ないため，その原因は明らかではない。今後の研究が必要である。

　最後に，形容詞の語順と被害の受け身の分析から，英語の規則が日本語の規則の部分集合を構成すると考えられる場合，日本語の規則の転移による非文法的な文を誤りであると適切に判断することが難しいことが示された。文法知識によっては，肯定証拠だけでは習得できず，文法指導や否定

フィードバックなどの否定証拠が必要なものがあることが示唆される。

　本章では1年間の変容を分析したが，さらに追跡して調査を継続することが重要である。また，今回は時間制限のない文法性判断テストの回答を分析したが，他の測定方法を用いて，文法知識の変容を追究することが今後必要である。

資料 A. 測定具で用いられた英文

学年	目標文法	表示	課題文（文法的な文） 課題文（非文法的な文）
中1	名詞の単数形・複数形	名詞の単数形・複数形	I have a cat.
			I like animal.
中1	be 動詞の疑問文	be 疑問文	Are Ken and Mike good at baseball?
			Do you are a good player?
中1	wh 疑問文	wh 疑問文	What time do you get up every day?
			What time it is?
中1	三人称単数現在形	3単現	My father works in a library.
			My mother teach science.
中2	過去進行形	過去進行形	I was playing baseball when my mother called me.
			I am sleeping when you called me.
中2	不定詞	不定詞	I was happy to meet your brother.
			I want visit London next year.
中2	比較	比較	Hiroaki sings the best in his class.
			This book is the most interesting than that one.
中3	受動態	受動態	This temple was built in the 7th century.
			English and French spoken in Canada.
中3	現在完了	現在完了形	I have already cleaned my room.
			I do not have seen him for a long time.
中3	現在分詞の形容詞的用法	過去分詞	Look at the dog walking on the street.
			The girl wears a blue shirt is my sister.
その他	形容詞の語順	形容詞の語順	There are two big brown pictures on the wall.
			There is a blue tall cup on the table.
その他	被害の受け身	被害の受け身	Ken was kicked his leg by a young man in the train.

第6章 小学生はどのような文法知識を身につけているか？
——これまでの実証研究のまとめから

1. はじめに

　「小学校では文法指導をしないのだから，小学生が文法知識を身につけているはずないだろう」と思われる読者も多かろう。確かに小学校英語教育ではコミュニケーション（言語活動）を通した体験的な学びが中心であり，中学校のような明示的な文法指導は行われていない。しかしながら，言語活動を十分に行うことで児童は言語運用を下支えする文法知識（暗示的知識や手続き的知識）を獲得できるばかりか，規則を一般化して説明できるようになる（明示的知識を獲得できる）ということが，これまでの研究で明らかになっている。本章では日本人小学生の文法知識に関する調査研究を概観し，これまでに明らかになっていることを整理していく。

　最初に，次節では小学生の文法学習のプロセスを紐解き，児童の文法知識の3つの特徴を示す。第3節では小学生の文法知識の測定でよく用いられる文法性判断テスト (grammaticality judgement test: GJT) の概要と，GJTを用いた文法知識の測定についてのこれまでの議論をまとめる。第4節では小学生の文法知識に関する4つの調査研究について紹介する。

2. 小学生の文法学習と文法知識

　先述のように，小学校段階では言語活動を通した体験的な学びが中心であり，文法規則について明示的に学習することはほとんどない。言い換えれば，小学校英語教育の第一義的な目標は英語表現を「使える」ようになることであり，英文の内部構造や抽象的な文法規則を「理解する」ことではない。これは文法規則の理解と英語表現の使用の両方を目標とする中学校以降の英語教育と大きく異なる点であり，したがって，児童の文法知識も中学生以降のそれとは異質のものであると考えられる。What ... do you like? という表現を例に取ってその学習プロセスを考えてみよう。

多くの場合，小学校での新出表現の学習は模倣から始まる。最初に，教師が児童に好きなスポーツを尋ねる活動を行い，What sport do you like? という表現を繰り返し聞かせる。ある程度まで進んだら，「先生の代わりに質問してくれる人？」のように問いかけて，児童が尋ねる場面を作る。すると，児童は教師を模倣して What sport do you like? と発話できるようになる。ただし，この段階では，教師が発した音声を丸ごと記憶して場面に合わせて使用しているにすぎず，英文の内部構造の理解には至っていない。

　次に，好きな動物，食べ物，教科などについて同様の活動を行う。What animal do you like? / What food do you like? / What subject do you like? という表現で同様の活動を行う。すると，児童は「好きなものを尋ねたい時は what の次にジャンルを言えばよい」ということに徐々に気づき始める。このように，児童の文法学習は，表現を丸ごと記憶して運用する段階から，英文の一部を入れ替えて使用できる段階へと移行するプロセスであると考えられる。

　児童の文法学習をこのように捉えると，児童の文法知識には次のような特徴があると考えられる。第1に，児童の文法知識は概して暗示的（implicit）である。教師の発話の模倣から始まり，実際に英語を使用することを通して，児童の文法知識は徐々に変容していく。特に，発話した際に教師をはじめとする他者から訂正フィードバック（corrective feedback）[1] を得ることによって，知識の精緻化が進む。すなわち，児童の文法知識は実際の言語使用を通して経験的に身につけた知識であるため，その大部分は日本語で説明できないと考えられる。第2に，児童の明示的知識（explicit knowledge）は一様ではない。1点目の特徴と相反するようであるが，児童が自らの言語経験を抽象化して明示的知識を獲得する場合もある。詳しくは後述するが，例えば can は「can の後にできることを言う」という明示的知識を獲得しやすい言語項目である。しかしながら，この抽象化はそれぞれの児童の言語経験に依るものであり，中学校での明示的学習のよう

1　正しい表現や知識の定着を促すために学習者の発話に対して教師が行う声掛けの総称。リキャスト（recast）や誘導（elicitation）等，様々な方法がある。詳しくは神谷（2017）を参照。

に，「can＋動詞の原形」といった公式的な明示的知識を全ての児童が身につけているわけではない。第3に，文法知識の処理はほぼ自動化（automatization）していない。自動化とは，意識を向けたり注意を払ったりせずに言語項目を処理できるようになることであるが，これには，かなりの言語経験や練習，すなわち繰り返しの言語使用が不可欠であり，小学校での限られた学習時間では不十分であると考えられる。特に，〜という文を作るような英文の一部を入れ替えて新たな英文を生成するという操作は複雑で，実際の小学校での授業においても途切れ途切れの発話やたどたどしい発話がほとんどである。以上をまとめると，児童の文法知識は非自動的な暗示的知識[2]であることが主で，場合により独自の明示的知識を身につけているということになる。

3. 文法性判断テストによる文法知識の測定

文法性判断テスト（GJT）は，日本人小学生の文法知識に関する研究で広く用いられており，次節で紹介する4つの研究も全てGJTを用いている。GJTは提示した文の文法性（その文が文法的に正しいかどうか）を参加者に判断させるテストであり，特別な装置などを必要としないので教室環境でも実施しやすい。また，課題文を音声で提示することで文字を介さずに実施できるので，小学生に対する調査に適したテストである。

GJTは，比較的古くから用いられてきた第二言語学習者の文法知識の測定方法であり，課題文の提示条件や解答時間などを操作することによって，異なる性質の文法知識を測定することが試みられてきた。Ellis（2005）は5つのテストで英語母語話者と英語学習者の文法知識を測定して主成分分析[3]を行った結果，時間制限あり GJT（timed GJT）は模倣発話テスト

2　暗示的知識の自動化については，研究者によって見解が分かれるところである。例えば Bialystok（2001）は言語知識の変容と処理の熟達化を別のプロセスとして捉えているが，Ellis（2005）は処理が自動的であることを暗示的知識の定義の一部として挙げている。本稿では，知識の手続き化（procceduralization：知識を用いて言語運用ができること）と自動化（automatization：素早く言語運用ができること）を区別して捉えたい。すなわち非自動的な暗示的知識を持っているとは，暗示的知識を用いた言語運用は可能であるが，その処理速度が速くない状態のことを指す。

及び口頭発話テストと同一の主成分，時間制限なし GJT（untimed GJT）はメタ言語知識テスト（metalinguistic knowledge test: MKT）と同一の主成分に分類されたことを報告している（Ellis & Loewen, 2007; Ellis et al., 2009 も参照）。すなわち，GJT においては解答時間に制限を設けるか否かによって，異なる文法知識を反映した結果が得られることが明らかになったのである[4]。前者は言語使用，後者は規則の説明が求められるテストと同一の主成分に分類されたことから，この研究以後，timed GJT は暗示的知識，untimed GJT は明示的知識の操作的定義として研究に用いられるようになった。

　Ellis とは異なる定義づけを提案している研究者もいる。Gutiérrez（2013）は，時間制限の有無にかかわらず，正文課題（課題文が文法的）では暗示的知識，誤文課題（課題文が非文法的）では明示的知識が反映される可能性を指摘している。つまり正しい文を聞いて正しいと判断する場合には，より直観的な知識が，誤った文を聞いて誤りだと判断する場合には，より説明的な知識が用いられるというのである。さらに，時間制限の有無と課題文の文法性を組み合わせて，timed GJT 正文課題が暗示的知識，untimed GJT 誤文課題が明示的知識の測定方法として相応しいという主張もある（島田，2010）。

　一方で，GJT の条件を操作することで暗示的知識と明示的知識を区別することに懐疑的な研究者もいる。彼らの多くは，GJT で測定できるのは明示的知識だけであり，暗示的知識は測定できないと結論づけている。Vafaee, Suzuki, and Kachisnke（2017）は，英語学習者に対して，自己ペース読みテスト，単語モニタリングテスト，timed GJT，untimed GJT 及びメタ言語知識テスト（MKT）の 5 つのテストを実施して Ellis らと同様の分析を行った。自己ペース読みテストと単語モニタリングテストは，どちらも暗示的知識の測定方法として知られている。確認的因子分析を行ったところ，自己ペース読みテストと単語モニタリングテストを 1 つの因子

3　主成分分析ではなく，確認的因子分析を用いるべきという指摘（Isemonger, 2007）を受けて Ellis & Loewen（2007）は再分析を行い，確認的因子分析でも同様の結果が得られたことを報告している。

4　Untimed GJT は誤文課題の得点のみを用いることで，因子負荷量が高くなる（より良いモデルが得られる）ことが報告されている。

に，さらに timed GJT，untimed GJT 及び MKT を 1 つの因子とするモデルが最も妥当なものであった。すなわち，GJT は時間制限の有無にかかわらず，MKT と同様に明示的知識を測定しているという結果になったのである。それでは，時間制限の有無は何を区別しているのだろうか。

　時間制限によって暗示的知識と明示的知識を区別できるという考えには，解答時間を短くすることで明示的知識を活用することができなくなるという前提があった。しかし，Suzuki and DeKeyser（2017）は，時間制限を設けたとしても自動化した明示的知識（automatized explicit knowledge）にアクセスすることは可能であると主張している。すなわち，GJT の時間制限の有無によって区別されるのは文法知識の質ではなく，処理の自動化の度合いであると考えられるのである。

　このように，GJT では様々な条件付けによって暗示的知識と明示的知識の区別が試みられているものの，一貫した結論が得られていないのが現状である。また，時間制限の有無が区別するのは処理が自動化しているかどうかであるという主張はもっともらしく聞こえる。したがって，現在のところ GJT の結果は受験者の文法知識の総体を反映していると考えておくことが最も間違いがないように思われる。ただし，特定の状況下における GJT の結果から学習者の暗示的知識を読み取ることができる場合もあろう。例えばある文法項目について，学習者が明示的知識を持っていないにもかかわらず GJT で高得点が得られた場合には，GJT では暗示的知識が活用されたと考えるほうが妥当である。明示的知識はメタ言語知識テスト（MKT）などで比較的簡便に測定できるため，GJT と MKT の差分，すなわち GJT で正解しているのに MKT で不正解の文法項目については，暗示的知識を持っていると推定する方法もある。

　日本人小学生を対象とした研究の場合，GJT の結果には概ね暗示的知識が反映されていると考えることもできる。これは，先述したように，そもそも日本人小学生の文法知識は主として暗示的知識であり，明示的知識はごくわずかだと考えられるためである。また小学生に対する研究では，ほとんどの場合，課題文が音声で提示される。一般的に文字を処理する際には時間がかけられるために明示的知識にアクセスしやすい一方で，音声処理は直観的な知識（暗示的知識や自動化した明示的知識）に頼る部分が大きいと言われている。小学生を対象とした研究で GJT の課題文のモード

（音声提示か文字提示か）がどのように影響するかはまだよくわかっていないが，課題文の提示方法が GJT で測定できる知識に何らかの影響を与えている可能性もある。

4. 小学生の文法知識に関する調査研究

本節では，動詞フレーズの獲得状況に関する調査（浦田他，2014），標準的な英語の語順に関する知識の獲得状況に関する調査（物井他，2015），5 つの文法事項に関する知識の獲得状況に関する調査（内野，2019），文中の入れ替え可能な語に関する知識の獲得状況に関する調査（内野，2021）の 4 つの研究を紹介する。

4．1　動詞フレーズに関する知識

浦田他（2014）は，同一校区の小学 6 年生と中学 1 年生を対象とし，助動詞 can とそれに続く動詞フレーズ（動詞句）の習得状況を調査した。この研究の目的は，小学校での体験的な学習内容を中学校での文法学習に効果的に生かすための指導過程について検討することであり，その一環として，小学 6 年生には can を扱う単元の最後に，中学 1 年生には can を扱う単元の直前に調査を実施した。つまり，小学校で学習した内容が，中学校での学習を始める段階で，どの程度定着しているのかを明らかにすることが調査の目的だったのである。調査では，内容理解テスト，肯定文と否定文の聞き分けテスト及び文法性判断テスト（GJT）の 3 つのテストが行われたが，ここでは，GJT の結果に絞って紹介していく。GJT は英文を聞いて違和感がなければ○，あれば×で答える課題[5] であり，文法的な文（正文）が 3 文，非文法的な文（誤文）が 5 文の計 8 問であった。

5　浦田他（2014）はこの課題について「中学校以降の学習では『文法性判断テスト』として，文字レベルの暗示的知識を測るものに類似しているが，小学校においては音声面で違和感（awkward）に感じるもので，『文法』を見るものではない」（p. 251）と述べている。ここでの「文法」は主に明示的知識のことを指すと思われる。一方で，違和感の元になるのは主として暗示的知識と考えられるが，いずれにしても文法性判断の根拠になるのは文法知識である。したがって，この課題も GJT の一種と考えて差し支えないだろう。

GJT の分析では，正答率をチャンスレベル（当て推量で解答した際に期待される正答率）と比較する場合が多い。GJT は提示された文が文法的かどうかを判断する二者択一のテストであるため，チャンスレベルは 50 ％，言い換えれば適当に答えても 50 ％は正解する可能性があるということである。したがって，GJT では正答率が 50 ％よりも高いかどうかが重要であり，正答率が 50 ％を大幅に（統計的に有意に）上回る場合は，受験者が正しい文法知識を持っていると解釈される。

　小学 6 年生の結果から見ていく。正答率は I can cook.（97.6 ％），I can play table tennis.（92.7 ％），*I play can't baseball.（87.8 ％），*I play can *kendama*.（85.4 ％）の順に高かった（表 1）。これらの項目の正答率は 8 割を超えており，チャンスレベルと比べて大幅に高いため，文法知識に基づいて正しい判断を下した児童が多かったと言える。浦田らは，児童が play baseball や play *kendama* のような動詞フレーズをひとかたまりとして認識しているため，そのかたまりの中に can が入る形に対して違和感を覚えたのではないかと考察している。

　中学 1 年生で正答率が 8 割以上だった結果も小学 6 年生と同じ 4 問であり，小学校で身につけた知識は中学校になっても定着していることが明らかになった。一方で，小学 6 年生と中学 1 年生で正答率が大きく異な

表 1．浦田らの GJT の課題文と正答率（浦田他，2014，図 13，16 を元に作成）

課題文	正答率（％）	
	小学 6 年生	中学 1 年生
I can cook.	97.6	98.0
I can play table tennis.	92.7	95.4
*I play can't baseball.	87.8	85.2
*I play can *kendama*.	85.4	86.1
*I can play swim.	75.6	21.5
I can't play the recorder.	73.2	77.2
*I can soccer.	56.1	58.2
*I can play piano.	26.8	56.3

る項目が 2 つあった。1 つは *I can play piano.（小 6：26.8 ％, 中 1：56.3 ％）であり, 中学 1 年生の正答率が高くなっている。つまり, the が脱落していることに違和感を覚えた学習者の割合は, 小学 6 年生よりも中学 1 年生のほうが多かったということである。the は音声的に弱い単語であり, 音声中心の小学校段階では意識化されづらい。中学校で文字を介した学習や「楽器の前には the をつける」という明示的な規則の学習が進んだことで, 冠詞に意識が向くようになったと考えられる。

　もう 1 つは, *I can play swim.（小 6：75.6 ％, 中 1：21.5 ％）であり, 中学 1 年生の正答率が大幅に低くなっている。中学校での学習によって小学校で身につけた知識が失われてしまったのだろうか。考えられる理由の 1 つとして, play soccer や play badminton のような類似の表現を学習したことが挙げられる。すなわち, 「スポーツができる」は常に play X の形で言える, という誤った知識を身につけてしまった可能性がある。本来, play X が許容されるのは球技の場合であり, 柔道や剣道の場合は do X, スキーや水泳の場合には動詞をそのまま使わなくてはならないが, play X の適用範囲を広く捉えている生徒が多かったのではないだろうか。このように, ある規則を適用範囲外にまで当てはめてしまうことを過剰般化（overgeneralization）という。過剰般化は第二言語習得のプロセスでは起こりやすく, 学習が進むと言語使用の正確さは一旦低下するが, さらに学習が進めば, 再び正しく規則を使い分けることができるようになることが知られている。

　浦田らの研究からは, 小学生は play X のフレーズをひとかたまりとして認識していること, この知識は中学生になっても保持されるが, 本来用いることができない単語にも, この構造を当てはめてしまう場合があること（過剰般化）, 音声的に弱い the は中学校での学習で意識化されやすいことが明らかになった。この結果は, 小学校での音声中心の学習の効果を裏付けるものであると言えるだろう。ただし, この研究の参加者は同一年度の小学 6 年生と中学 1 年生であり, 同一の児童を追跡して調査したわけではない。2 つの学校は同一校区であるから学習経験は概ね同じだと考えられるが, 1 年間で知識が発達したかどうかは厳密にはわからないため, 結果は慎重に解釈する必要があるだろう。この点はこの後に紹介する物井他（2015）, 内野（2019）についても同様である。

4. 2 標準的な英語の語順に関する知識

　物井他（2015）は，公立小学校2校の5，6年生を対象とし，肯定文，yes-no 疑問文，否定文，wh- 疑問文及び句動詞を含む文の5種類について語順の習得状況を調査した。調査課題は，聞いた英文が提示された絵の内容に相応しい語順かを判断するテストと，単語を並べ替えて提示された絵の内容に相応しい文を作るテストの2つであった。前者は文法性判断テスト（GJT）であるが，絵を提示して課題文の意味理解を促した点が他の研究とは異なる。英文の意味に意識が向くことで直観的な言語知識が運用されやすくなるため，この GJT の結果には主に暗示的知識が反映されていると考えてよいだろう。一方，後者は抽象的な操作が求められる文整序テストであり，明示的知識の影響が大きいと考えられる。問題数は GJT は 15 問，文整序テストは6問であった。

　最初に，5，6年生を合わせた結果から見ていく。文の種類ごとの正答率[6] は肯定文（73.1 ％），否定文（65.7 ％），疑問文（64.6 ％），句動詞を含む文（49.1 ％），wh- 疑問文（40.4 ％）の順に高く，文の種類によって児童の文法知識の定着度には大きな差があることがわかった。ここでは肯定文と句動詞を含む文についてより詳しく見ていく（表2）。

　肯定文の問題数は GJT が5問，文整序テストが1問であった。どのテストの正答率もチャンスレベルを上回っており，児童は肯定文の語順について知識を持っていることが明らかになった。GJT についてより詳しく見てみると，正答率が概ね8割以上のもの（問題1，3，5）と6割に満たないもの（2，4）があることがわかる。このような差が生じたのはなぜだろうか。物井らは問題2，4の正答率が低かった理由について次のように考察している。最初に，問題2については，rhinoceroses という児童に聞き慣れない語が含まれていたことが原因である。つまり，多くの児童は肯定文の語順についての知識は持っているものの，未知語に目的語という役割を与えて語順の正誤を判断することは難しかったのだろう。問題4は GJT で児童が初めて聞く誤文であり，児童の知識というよりも課題の実施上の問題点であった可能性が高い。

　句動詞を含む文は GJT が2問，文整序テストが1問であった。GJT の

6　2種類の課題を合わせた正答率である。課題別の正答率は報告されていない。

表 2. 物井他（2015）の課題文と正答率（一部抜粋）

テスト	文の種類		問題文	正答率（%）
GJT	肯定文	1.	I like apples.	86.1
		2.	I like rhinoceroses.	58.3
		3.	I play baseball.	79.2
		4.	*I baseball play.	54.9
		5.	*Like I apples.	81.3
	句動詞	1.	I go to school at eight.	70.8
		2.	*At get up six I.	63.9
文整序	肯定文		I play tennis.	79.2
			(① play / ② I / ③ tennis)	
	句動詞		I go to school at eight.	12.5
			(① eight / ② go / ③ I / ④ school / ⑤ at / ⑥ to)	

　正答率は 2 問ともチャンスレベルを上回っており，多くの児童が I go to X. や I get up at X. という構造に関する知識を持っていることが明らかになった。一方で，文整序テストの正答率は 12.5 ％と著しく低かった。肯定文の文整序テストの正答率が GJT とさほど大きく変わらなかったことを考えると，この差は大きい。これは，並べ替える語数が 6 語と多かったことが理由であろう。3 語の並べ替えと 6 語の並べ替えでは当然後者のほうが難しい。つまり，語数の多い並べ替えではより複雑な抽象的操作が求められるため正答率が低くなった。言い換えれば，複雑な操作を行えるだけの明示的知識を持っている児童は多くなかったと解釈することができる。

　次に，学年間での正答率の比較を見ていく。5 年生と 6 年生で正答率に有意な差（統計的に意味のある差）があったのは 7 項目（GJT3 問，文整序 4 問）であり，どの問題も 6 年生の正答率のほうが高かった。GJT で有意差

が見られたのは I like rhinoceroses. *Like I apples. *I don't apples like. の
3問で，中でも I like rhinoceroses. は他と比べて効果量[7]が大きく（d
= .89）学年間の差が顕著であった。先ほどの考察と合わせて考えると，
rhinoceroses という単語に目的語という役割を与えて文法性判断ができた
児童や，この単語の意味を知っている児童に関して6年生のほうが多かっ
たと考えられる。文整序テストは6問中4問で学年間に有意な差が見ら
れた。前述の通り，抽象的な操作が必要な文整序テストでは明示的知識が
求められることから，6年生のほうが語順に関して明示的な知識を持って
いる児童が多いことが明らかになったと言える。

　物井らの研究から示唆されることとして次の2点を挙げる。第1に，
多くの児童は英文を単語レベルに分解できるだけの知識は持っていない。
2節で述べたように，児童は最初に英文を丸ごと記憶して運用し，徐々に
英文の一部を入れ替えて使用できるようになっていく。つまり，トップダ
ウン的に文法知識が発達するため，単語を組み合わせて文にするというボ
トムアップ的な処理には慣れていないと考えられる。また，音声での学習
が主であるため，チャンクとして用いられる表現（go to, get up at など）は
ひとかたまりとして認識されている。これらの要素が単語に分解できるよ
うになるには，文字を介した学習がある程度進むのを待つ必要があるだろ
う。第2に，GJT は文法知識以外の要素にも影響を受ける。I like apples.
と I like rhinoceroses. は同じ文構造であるにもかかわらず，正答率に30％
以上も差があった。これは apples と rhinoceroses という語彙の違いの影
響に他ならない。江口（2020）は，小学生を対象とした模倣発話テストの
成否には文法知識だけでなく，参加者の語彙サイズが影響することを明ら
かにしている。GJT においても同様の傾向が見られるということであり，
課題文の作成においては注意を払う必要があるだろう。

4.3　5つの文法事項に関する知識

　内野（2019）は，公立小学校5校の5，6年生を対象とし，be 動詞，語

7　2つの群（この場合は5年生と6年生）の平均値の実質的な差の大きさを表す指標。
　いくつか種類があるが，この場合は各群の平均値をそれぞれの標準偏差で除したもの
　の差を用いる。

順，can，want to，過去形の5つの文法事項の習得状況を調査した。使用したテストは時間制限のある GJT（timed GJT）とメタ言語知識テスト（MKT）の2つであった。前者で児童の暗示的知識を，後者で明示的知識をそれぞれ別個に測定しようと試みたのである。timed GJT の解答時間は1問につき2秒間であった。時間制限以外の条件は浦田他（2014）の GJTと同様であり，参加者には課題文を聞いて解答用紙の「正しい」か「まちがい」のどちらかに〇をつけるように求めた（本章4.1節も参照）。

　MKT は，参加者のメタ言語知識を測定するテストである。メタ言語とは，言語の仕組み（文法規則）を説明するために用いる言葉である。ある規則について正しく説明できるということはその規則に関する明示的知識を持っていることに他ならないため，MKT は明示的知識を測定するテストとしてよく用いられる。MKT には様々な実施方法があるが，この研究では英語の文法規則について日本語で書かれた2つの文を読み，正しいものを選ぶテストとした。また「どちらもまちがい」と「わからない」の選択肢を設け，児童がある程度の確信を持って解答できるようにした。つまり，「なんとなくこっちだと思う」という暗示的知識に基づく解答をできるだけ排除したいと考えたのである。

　timed GJT の結果は次の通りである。timed GJT は5つの文法項目に対して正文と誤文が1つずつ，計10問であった（次ページ表3）。5年生と6年生を合わせた正答率が50％を上回っていたのは，be 動詞，語順，canの正文課題（問題1, 3, 5）であり，これらの項目では多くの児童が暗示的知識に基づいて正しい文法性判断を行ったことがわかる。ここでは，5年生と6年生の正答率の差に着目していく。なぜなら，be 動詞と語順は5年生も6年生も頻繁に出会う文法項目であり，全ての児童がある程度の知識を持っているはずだからである。can と want to は6年生で学習するため，5年生よりも6年生が多くの知識を持っているだろう。また，過去形は小学校段階では扱わないため，5年生も6年生も知識を持っている児童は少ないだろう[8]。このように，文法事項によって学年間での差の現れ方が異なるという仮説があったのである。

8　本研究に参加した児童は主に小学校外国語活動用教材 *Hi, friends!*（文部科学省，2012a, b）を用いて学習していた。

表 3. Timed GJT の正答率（内野，2019，表 5 より）

課題文		文法項目	正答率（%）		
			5 年生	6 年生	全体
(1)	You are students in Japan.	be 動詞	69.6	75.3	72.5
(3)	I eat lunch with my friends.	語順	66.1	74.1	70.1
(5)	I can ride a bicycle.	can	55.4	65.7	60.5
(10)	*We go to the park yesterday.	過去形	48.8	48.2	48.5
(7)	I want to study math.	want to	44.0	47.0	45.5
(2)	*We am doctors from China.	be 動詞	44.0	45.2	44.6
(4)	*You baseball play on Friday.	語順	32.1	42.2	37.1
(6)	*I play can a quitar.	can	25.6	44.6	35.0
(9)	We ate sandwiches yesterday.	過去形	33.3	34.9	34.1
(8)	*I want eating fried chicken.	want to	26.2	39.2	32.6
		全体	44.5	51.6	48.1

　全体の正答率は 5 年生が 44.5 ％，6 年生が 51.6 ％で，6 年生のほうが高く，この差は統計的に有意であった。つまり，物井らの研究と同様，5年生よりも 6 年生のほうが全体として暗示的知識をより多く持っていることが明らかになった。一方で，文法事項による学年間の差の違いについては統計的な裏付けが得られなかった。言い換えれば，どの文法事項でも一様に 5 年生よりも 6 年生のほうが多くの知識を持っているという結果であった。

　続いて，MKT の結果は次の通りである。MKT は 5 つの文法項目に対して各 1 問の計 5 問であった。次ページの表 4 は各問の正答率と不明率（「わからない」と解答した参加者の割合）を示している。can は 5 年生と 6

年生を合わせた正答率が71.3％であり，他の項目と比べて著しく高かった。また，不明率も低く，can の用法については明示的知識を比較的身につけやすいということが明らかになった。学年間の差に着目すると，全体の正答率は 5 年生が 42.6 ％，6 年生が 52.3 ％で 6 年生のほうが高かった。また，MKT では学年間で正答率に差がある文法事項とそうでない文法事項があり，語順，can，want to は 6 年生の正答率のほうが高く，be 動詞と過去形の正答率は学年間で変わらなかった。つまり，語順，can，want to に関する明示的知識を持っている児童は 6 年生のほうが多いということである。さらに，正答率の差は大きいほうから can（31.6 ％），語順（16.5 ％），want to（11.6 ％）の順であった。

表 4．MKT の正答率と不明率（内野，2019，表 8 より）

文法項目	正答率（%）			不明率（%）		
	5 年生	6 年生	全体	5 年生	6 年生	全体
(3) can	55.3	86.9	71.3	18.2	6.3	12.2
(2) 語順	40.6	57.1	49.0	14.7	6.3	10.4
(5) 過去形	44.7	38.3	41.4	35.3	42.9	39.1
(4) want to	35.3	46.9	41.2	34.7	30.3	32.5
(1) be 動詞	37.1	32.6	34.8	17.1	21.7	19.4
全体	42.6	52.3	47.5	24.0	21.5	22.7

注：不明率は「わからない」を選んだ参加者の割合

　can と want to に関する知識に学年間で差があるのは予測通りであったが，それに加えて語順の明示的知識にも差があることがわかった。GJT で語順の正答率が 5 年生でも高い（特に正文）ことから，5 年生でも語順に関する暗示的知識は身についている児童は多いことがわかる。それがさらに 1 年間の学習を経ることによって，明示的知識の獲得につながったと考えられる。繰り返し述べているように，小学校では音声による体験的な学習が中心で明示的な文法学習はほとんど行われない。したがって，英語を繰り返し使うことで培われた暗示的知識が何かの拍子で意識化され，明示的知識の獲得につながったということである。

一方，be 動詞と過去形は学年間で正答率に差がなく，不明率はむしろ 6 年生のほうが高くなっている。特に，be 動詞は語順と同様に児童が触れる頻度は高く，GJT の結果からも暗示的知識を持っている児童は多いと考えられる。にもかかわらず，5 年生と 6 年生で正答率が変わらなかったのはなぜだろうか。明示的知識の獲得しやすさには，概念の明快さ（conceptual clarity）が影響すると言われている（Ellis, 2006）。これは，文法規則の形式的，機能的な複雑さのことであり，規則が複雑な文法項目ほど，明示的知識を身につけることは難しい。be 動詞の用法（主語との一致）は，語順（SVO）に比べて要素が多く対応関係も複雑である。したがって，be 動詞の用法に関して暗示的知識を身につけているとしても，それが意識化され言葉で説明できるようになるのは，語順よりも難しいのではないかと考えられる。

　この研究から，5 年生と比較して 6 年生の文法知識がより発達していること，明示的知識の身につけやすさは文法事項によって異なり，学習の有無だけでなく文法項目の複雑さが影響していることが明らかになった。このように，書くと当たり前のことのように思えるが，文法規則を学習しなくとも文法規則を身につけられるということ，とりわけ，明示的知識の獲得も可能であるということは，小学校での体験的な学習と中学校での文法学習の接続を考える上で大きな意味を持つであろう。

4. 4　文中の入れ替え可能な語に関する知識

　内野（2021）は，小学生の文法学習のプロセスがどの程度進んでいるのかを明らかにしようとした研究である。具体的には，表現を丸ごと記憶して運用する段階から英文の一部を入れ替えて使用できる段階への移行に焦点をあてている。この研究では，What [a]sport do [b]you [c]like? のような構造の文に関して，下線部 [a] what に続く名詞，[b] 主語，[c] 動詞に入り得る単語に関する知識が 5 年生から 6 年生の 1 年間でどのように変化するかを調査した。

　調査は公立小学校 1 校の 5，6 年生を対象に 2 年続けて実施した。調査 1 年目の 5 年生は 2 年目には 6 年生として再び調査し，同一の児童の知識の変容を分析している。調査は毎年 2 月に行ったので，1 年間での児童の変容はほぼ 6 年次の学習内容を反映していると考えて差し支えないだろ

う。

　文法性判断テスト（GJT），空所補充テスト（fill-in the blank test: FBT）及びメタ言語知識テスト（MKT）の 3 種類を実施した。GJT はこれまでに見てきた研究とほぼ同じ形式であるが，当て推量での解答を減らすために「わからない」という選択肢を設けた。FBT は課題文の空所に入り得る単語を日本語の選択肢から全て選ぶテストであった。例えば，What food can ［　　］ cook? という課題文に対し，あなたの妹，うさぎ，校長先生，ピザという 4 つの選択肢が示された。選択肢のうち 2 つが正解，2 つが誤りであったが，参加者にはいくつ正解があるかは伝えなかった。GJT では，課題文のどこを根拠にして文法性を判断したかはわからないが，FBT では，より直接的に空所に関する知識を測定することができる。MKT はFBT の空欄に入る語の共通点を日本語で書くものであり，本章 4.3 節で紹介した MKT とは異なる形式である。内野（2019）の MKT は選択肢から正しい記述を選ぶものであり，児童自身がどのような言葉で文法規則を説明できるのかは明らかにできなかった。そこで，この研究では MKT を自由記述式のテストとし，児童の明示的知識の有様をより詳しく検討することを試みたのである。

　GJT と FBT の結果は次の通りである。GJT は 24 問，FBT は 6 問が採点対象であった。GJT は 1 問 1 点，FBT は正解の選択肢を選んだ数と誤った選択肢を選ばなかった数を得点とした（4 点満点）。学年間で総得点を比較すると，どちらのテストも 5 年生よりも 6 年生の得点のほうが有意に高く [9]，児童の文法知識は小学 6 年生の 1 年間で発達していることが明らかになった。また，正答率や得点率と 1 年間での伸びは空所によって異なる傾向があることもわかった（次ページ表 5）。GJT と FBT に共通して言えることは ［c］動詞の正答率や得点率が最も高いということである。また ［a］ what に続く名詞は 1 年間での伸び幅が最も大きい。一方，［b］主語は GJT と比べて FBT の得点率が低いという結果になった。

　続いて，MKT の結果は次の通りである。MKT は対応する FBT の設問の得点が満点だった回答のみを分析対象として記述内容を分類した。これ

9　実際にはラッシュ分析で得られた受験者の能力推定値を比較している。詳しくは原著を参照されたい。

表 5. GJT の正答率と FBT の得点率（内野，2021，表 5，6 を元に作成）

	GJT 正答率（%）			FBT 得点率[a]（%）		
	5 年次	6 年次	伸び	5 年次	6 年次	伸び
[a] what に続く名詞	45.4	56.3	10.9	49.8	59.0	9.2
[b] 主語	49.3	59.2	9.9	40.5	45.8	5.3
[c] 動詞	64.5	71.5	7.0	62.5	71.0	8.5

注. [a]平均点が各問の満点である 4 点のうちに占める割合を表す。例えば，平均点が 2 点であれば得点率は 50％である。

は，体験的な学習が中心の小学校段階では，暗示的知識を身につけずに正しい明示的知識を身につけているとは考えづらいとの判断からである。空所に入る語の共通点を的確にとらえた回答が最も多かったのは [b] 主語であり，分析対象の 35 名中 31 名の回答が「人／人物」というカテゴリに分類された。すなわち，この項目に関しては，暗示的知識を持っている児童の大部分が，明示的知識も持ち合わせているということがわかった。反対に [a] what に続く名詞では的確な回答は少なく，「物の種類／まとまり」というカテゴリに分類されたのは 29 名中わずか 4 名の回答のみであった。また [c] 動詞は MKT で無回答の参加者が 65 名中 18 名と最も多かった。このことから，[a] what に続く名詞と [c] 動詞は [b] 主語と比べて明示的知識を獲得しづらい項目であることがわかった。さらに，全ての空所に共通して，「名詞」や「動詞」といった文法用語を用いた回答はほとんど見られず，児童自身が気づいた規則を自分の言葉で表現している様子が見て取れた。

　この研究で明らかになったことをまとめると，次の 3 点に集約される。

　第 1 に，文中の入れ替え可能な語に関する児童の知識は 1 年間の学習で発達する。

　第 2 に，一部の児童は明示的知識を身につけており可変部に入る語の共通点を自分の言葉で説明できる。

　第 3 に，文法知識の発達度合いには可変部によってばらつきがある。

　これまでの異学年の比較研究でも，上の学年の学習者の文法知識のほうが発達している傾向にあったが，同一の学習者の経年変化においても同様

の結果が得られたことにより，小学校段階での文法学習可能性がより強く裏付けられたと言えるだろう。

5. おわりに

　本章では，小学生の文法学習のプロセスや文法知識の測定方法を概観した後，小学生を対象とした4つの調査研究の結果を紹介した。着目している文法項目や対象学年は異なるものの，より高い学年の学習者の文法知識のほうが概して発達しているという結果は，全ての研究において一貫していた。体験的な学習が中心で明示的な文法学習を行わない小学校段階でも，文法知識は発達すると言って差し支えないだろう。小学校段階で身につけた文法知識が生かされることによって，中学校での文法学習がより効果的なものになるだろう。また，文法項目や文構造によって，知識の発達の仕方が異なる傾向も見て取れたが，この点については，まだ十分に明らかになっているとは言えない。小学生の文法知識については，まだ研究が少なく，ようやく輪郭がぼんやりと見え始めた段階である。さらなる研究の積み重ねに期待したい。

第7章 語彙学習のやる気が続かないのはなぜか？
―― 自覚できない明示的知識の蓄積の「見える化」が動機づけに与える影響

1. はじめに

　「今年は英語の勉強を頑張ろう！」と思い，英語の本を買ったり，英語学習のアプリをダウンロードしたりするが，そのやる気は数か月で消えてしまい，次の年も同じことを繰り返してしまう…という経験はないだろうか。一方で，英語の勉強をコツコツと続けることができる人がいるのも事実である。この違いは何によって，もたらされるのだろうか。本章では，英語学習に対するやる気が高い人とそうでない人の違いは何なのか，やる気が高くない人はどのような学習が効果的なのか，そして，明示的知識レベルでの語彙学習であるマイクロステップ計測法を用いた実践研究を紹介し，やる気が英語学習などの言語学習における明示的知識の獲得にどのように影響するのかについて述べる。

2. 動機づけとは

2．1　動機，欲求，動機づけ

　いわゆる「やる気」は心理学の研究領域では「動機づけ（motivation）」と呼ばれる。動機（motive）とは，欲求に基づいて目標や目的などの具体的なものを定めることとされ，一方，欲求（need）とは漠然とした行動化要因のこととされる（櫻井，2009）。たとえば，A子さんが英語を話せるようになりたいと思って，英会話教室に通おうとする場合，「英語を話せるようになりたい」が欲求にあたり，「英会話に通おう」が動機にあたる。この動機に対して，行動を引き起こし，その行動を持続し，一定の方向に導くプロセスを動機づけと言う。先ほどの例で言うと，英会話教室に申し込み，英会話教室に通い始め，英語の学習を続けるという一連のプロセスが動機づけとなる。

2．2　どのように動機づけが形成されるのか？

　英語が話せるようになりたいと思っても，誰もが英会話教室に通うというような行動をとれるわけではない。行動を起こすことができた人とそうでない人の間にはどのような違いがあるのだろうか。そのような問いに対して，動機づけ研究では，動機づけを個人内の要因と個人外の要因に分けて考え，その相互作用の観点から説明する。

　個人内の要因として，「認知（cognition）」「感情（affect）」「欲求」の3つの要因がある。鹿毛（2013）によると，認知とは，ある行為やその結果にどのような意味を見いだしているのかという価値や，「自分はやればできる」というような目標に対する成功への見通しなど，当人の意志・信念や期待のことを指す。感情には，怒りや喜びといった情動（emotion）のような短期的で強い感情と，憂鬱などの比較的弱く持続する気分（mood）が含まれる。また，感情の要因における最もわかりやすい原理として，快を求め，不快を避けるという「快—不快」という感情の次元もある。さらに，先述した欲求が個人内の要因として位置づけられる。欲求には食欲などの生理的欲求や達成欲求，自尊欲求などの心理的欲求がある。

　これらの3つの個人内要因に加えて，個人外要因である環境要因には，上司や教師などの人的環境や報酬システム，照明などの作業環境などの非人的環境も含まれる。また，制度や文化などの内容も含まれる（鹿毛，2013）。

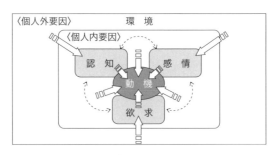

図1．動機形成のダイナミズム（鹿毛，2013）

　図1のように，動機づけは個人内要因と個人外要因の相互作用の結果とされる。2．1に登場したA子さんの場合で考えると，教え方が上手い

英会話教室の教師がA子さんの担当になるなど，個人外要因がポジティブに作用する場合には，A子さんの英会話スキルは順調に向上するだろう。自分自身の英会話スキルの向上を実感したA子さんは，英語学習に対して「自分はやればできる」という期待を強く持つだろう。つまり，この個人外要因が，「やればできる」という期待として個人内要因である認知要因に作用するのである。さらに，そのような期待を強く持ったA子さんを英会話教室の教師はやる気がある学習者であると認識し，その教師はA子さんに対して意欲的に授業を行うという相互作用が考えられる。

3. 内発的動機づけと外発的動機づけ

　学習の動機づけには，2．1に登場したA子さんのように，「英語に興味があるから，学習する」という場合もあれば，「英語に興味はないが，昇進に必要なためしぶしぶ学習する」という場合もある。前者のように，自らの興味・関心によって学習そのものが目的となっている場合の動機づけを内発的動機づけ（intrinsic motivation）と言い，それに対して，後者のように，学習そのものが目的ではなく，別の目的達成のための手段となっている場合の動機づけを外発的動機づけ（extrinsic motivation）と言う（櫻井，2009）。このように，内発的―外発的動機づけは，「目的―手段」という観点から捉えることができる。

　もう1つの観点として，「自律―他律」という観点がある。つまり，自ら進んでやるのか，それともやらされているのかという基準によって，内発的―外発的動機づけを区別する。この観点によると，自律的に学習に取り組む場合は内発的動機づけ，他律的に学習に取り組む場合は外発的動機づけであるとされる。

　しかしながら，「英語に興味はないが，志望校に合格するために進んで英語の学習をする」のような場合もある。つまり，学習を手段としており，自ら進んで取り組む場合であり得る。この場合は，「目的―手段」「自律―他律」のどちらか一方の観点から説明することが難しい。このような動機づけは，後述する自己決定理論において，自律的な外発的動機づけとされる。この「自律―他律」という観点は，本章において動機づけをとらえるための重要な枠組みである。

4. 自己決定理論

4.1 自己決定理論とは

　動機づけの代表的な理論として，動機づけの認知の側面に着目した達成目標理論（achievement goal theory）や，欲求に関する理論である自己決定理論（self-determination theory）などがある。近年，自己決定理論の枠組みを外国語教育に援用した研究が行われている。本章では動機づけの理論の中でも，自己決定理論に着目し，動機づけを考えていく。

　自己決定理論とは，Deci と Ryan によって理論化された心理学領域における動機づけの理論である。自己決定理論では，人間には以下の3つの生得的な心理的欲求が備わっていると考える（Deci & Ryan, 2000）。具体的には，やればできるといった「期待感」や「達成感」を味わいたいという「有能さへの欲求（need for competence）」，自らの行動に対して「責任」を持ちたい，自ら「選択」したいという「自律性への欲求（need for autonomy）」，他者や社会との絆あるいはつながりを持っていたいという「関係性への欲求（need for relatedness）」の3つである。

　これらの3つの心理的欲求の中でも，特に，自律性への欲求を自己決定理論では重要視し，自律性の程度によって動機づけを理論化している。この理論の特徴として，外発的動機づけが他律的なものから自己決定的なものへと変化していく段階や過程を検討していることが挙げられる。外発的動機づけは，図2のように，その内在化（internalization）に着目し，最も他律的なものから最も自律的なものまでの4つに分類されている。この提案によって，内発的動機づけか外発的動機づけかという従来の二分法的なとらえ方から，外発的動機づけから内発的動機づけへと段階的に捉える考え方が定着するようになった（鹿毛, 2013）。

　内在化とは，社会的な価値や規範を自分のものにすることであり，特に，外発的に動機づけられている時に機能するとされている（櫻井, 2009）。たとえば，英語の勉強をしたくないと思っている子供が母親から「勉強しなさい！」と言われて嫌々学習する場合は，内在化の程度が低い。それに対して，あるスポーツ選手が英語を勉強する理由が，英語を勉強することは将来海外でプレーしたいという自分の目標に役立つためという場合，学習の理由と自分の持っている価値が合致しており，自ら進んで学習

するため，内在化は進んでいるとされる。

　Deci らは内在化の過程を「自己調整」（self-regulation）と呼び，外発的動機づけを「外的調整」（external regulation），「取り入れによる調整」（introjected regulation），「同一化（同一視）による調整」（identified regulation），「統合による調整」（integrated regulation）の 4 つに細分化し，これらの 4 つを，図 2 に示すように，自律性の程度によって，一次元上の連続体として配置した。

　英語学習の場合で考えると，最も他律的である「外的調整」は，その学習をすることに価値を認めておらず，外的な強制によって学習をする段階である。「家族に言われたから仕方なく」や「叱られるから」というような理由で英語学習をする場合であり，従来の外発的動機づけにあたる段階である。次に，やや他律的である「取り入れによる調整」とは，英語学習をすることの価値を認めているが，義務感が伴ったり，評価懸念があったりする段階である。「やらなければいけないから」，「不安だから」，「恥をかきたくないから」というような場合であり，学習に対して消極的な段階である。そして，やや自律的である「同一化による調整」とは，学習をすることが重要であることを認識している段階である。「自分にとって重要だから」や「将来のために必要だから」というような場合である。そして，最も自律的な外発的な動機づけの段階である「統合による調整」は，英語学習に関する外的な統制に価値を認めるだけでなく，たとえば「（英語の試験が大学受験に必須である）A 大学に合格したい」という自分の価値

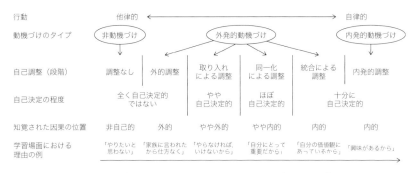

図 2. 自己決定の連続体としての動機づけタイプ
（Reeve, Deci & Ryan, 2004；櫻井，2009 などを参考にして作成）

と矛盾なく統合され，自己内で葛藤を生じずに英語学習に取り組むことができる段階である。

　さらに，自己決定理論では，「知覚された因果の位置（自分が知覚する自らの行動の原因の所在）」が，非自己的，つまり自分以外が行動の原因である場合を「非動機づけ」（amotivation）とし，非自己決定的で他律的な動機づけであるとした。知覚された因果の位置が外的から内的に知覚されると，より自己決定的で自律的である動機づけとされ，「内発的動機づけ」は最も自己決定的で自律的な動機づけとされる。このように，自己決定理論で強調されている外発的動機づけの自律化は，英語学習に対する動機づけを高め，その動機づけを継続させる上で，重要な概念と言える。

　自己決定理論の枠組みを第二言語動機づけ研究に援用した研究が行われ，多くの成果をもたらしている。一方で，自己決定理論は第二言語学習に限定した動機づけ理論ではないため，十分に第二言語学習への動機づけをとらえられていないという問題意識のもと，近年では新しい動機づけの理論である第二言語セルフシステム理論（Dörnyei, 2005）が提案されている。詳しくは入江（2008）を参照されたい。

4. 2　自己決定理論の３つの欲求に着目した学習活動の実践例

　自己決定理論に依拠した実践例として，３つの欲求の枠組みを英語の学習活動に適用した廣森（2015）の実践例を紹介する。まず，有能性の欲求を満たす方法として，学習成果の可視化を挙げている。教師が学習者の良いところを褒めるのではなく，正答数や回答時間の変化を記録させるなど，自らの学習の達成度を可視化することによって，客観的に自己評価させるのである。次に，自律性の欲求を満たす活動として，学習者に学習形式の方法を複数用意し，その中から学習形式を選ばせ，学習してもらうという活動を挙げている。たとえば，英単語を聞き，その意味を日本語で答えさせる学習形式や，英単語の定義を英語で答えさせるという学習形式など，複数の学習形式を提示し，学習者にどの形式で学習するか選択してもらう方法である。複数の選択肢を提示することによって，自分の得意な方法や自分に必要であると思う方法を自ら選択することができる。最後に，関係性の欲求を満たす活動として，ペアやグループを作り，競争を取り入れたゲームを挙げている。英単語に親しむ場合を例とすると，３分間で何

個単語を覚えることができたかを競ったり，20 語の英単語をできるだけ多く使ってペアやグループで協力して物語を作り，その物語のストーリーの面白さやどれだけ単語を多く使ったかを競ったりするような活動が考えられている。

　このように廣森（2015）は，自己決定理論の 3 つの欲求に着目した活動例を紹介しており，単語を覚えるという活動を 1 つとってみても，着目する欲求によって，授業の展開が異なることがわかる。以下の節では，廣森（2015）の実践例の中で有能性の欲求を満たす方法として挙げた学習成果の可視化についての実践研究を紹介する。

5. マイクロステップ計測法による英語学習と動機づけ

5. 1　マイクロステップ計測法とは

　英単語などの勉強で，学習意欲が継続しない理由の 1 つとして，勉強をしてもその効果を感じ取れないことが挙げられる（寺澤，2015）。先述したように，廣森（2015）は有能性の欲求を満たす方法として学習成果の可視化を挙げているが，それをすべての学習者に対して教師が実行するためには多大なコストがかかる。また，従来のテスト技術では，日々のわずかな学習によって実力が上がっていく様子を描き出すことは原理的に難しく，そのようなわずかな学習の効果を可視化するためには，「いつ」というタイミングの要因やインターバルの要因を統制する必要があることを寺澤は指摘している（e.g., 寺澤，2015；寺澤・太田・吉田，2007）。たとえば，英語学習者が "motivation" という英単語を同じ日に 3 回学習した場合と，1 週間に一度のペースで 3 回学習した場合では，学習回数の合計はどちらも 3 回と同じであるが，学習のタイミングが異なる。また，英単語のテストを行う時に，"motivation" という単語を学習した次の日にテストを行う場合と 1 か月後に行う場合とでは，その単語のテスト成績は異なる。つまり，学習とテストの間のインターバルの要因も成績に影響を与える。

　寺澤らは，このようなタイミングやインターバルなどの時間軸上に想定される要因を "時間次元の要因" とした（e.g., 寺澤，2015；寺澤・太田・吉田，2007）。そして，これらを統制することによって，個人に見られる学習のわずかな効果を可視化し，その技術のことをマイクロステップ計測法

と名づけた（第8章参照）。この技術の詳細は寺澤・吉田・太田（2007）を参照していただき，本節では，マイクロステップ計測技術を用いた明示的知識レベルの語彙学習と動機づけの関係について紹介する。

　前述したように，学習者は英語学習において学習の効果を自覚しにくいために，学習への動機づけを継続しにくい。そこで，マイクロステップ計測技術を用いた寺澤らを中心とした研究グループでは，学習者ごとに学習成績や自己評価をグラフ化し可視化したものを個人ごとにフィードバックすることによって，個人に自分自身の現在の学習状況を把握させるとともに，学習の効果が積み重なっていくことを実感してもらうことで，学習への動機づけを高めることを目指した実践研究を行ってきた（e.g., 寺澤・吉田・太田，2007；西山・土師・寺澤，2015）。

5.2　マイクロステップ計測法による外国語の語彙学習
大学生を対象とした継続的な語彙学習

　ここでは，マイクロステップ計測法を用いた数か月単位の長期間の明示的知識レベルの語彙学習の実践において，個人ごとの学習成績のフィードバックが学習者の動機づけにどのような影響をもたらすのかについて，これまでの研究成果を紹介する。

　上田・鈴木・佐久間・寺澤（2016）では，大学生を対象とした継続的な英単語学習において，学習成績のフィードバックを行うことの効果を検討した。実験参加者として，国立大学3校の大学生279名が参加した。学習はマイクロステップ計測法によりスケジューリングされ，参加者はそのスケジュールにしたがってスマートフォンやパソコンを用いたオンラインでの英単語学習をすることが求められた。

　英単語学習は，学習フェイズと客観テストフェイズから構成された。学習フェイズでは，次ページの図3に示すような単語カードの形での評定を参加者に求めた。参加者は，提示された英単語を見て，その日本語の意味を思い出し，続いて「答えを表示」を押して，日本語訳を確認した。そこで，その英単語に対する到達度の自己評価を4段階（0：全くだめ，1：だめ，2：もう少し，3：良い）で評定した（図3）。このような学習4日分を学習フェイズとした。その後の客観テストフェイズでは，学習フェイズで学習した英単語について多肢選択式のテスト（客観テスト）1日分を行っ

た。学習フェイズの学習4日分と客観テストフェイズのテスト1日分を1サイクルとし、1サイクル分が完了すると次のサイクルの学習フェイズへ進んだ。参加者は、20日分（4サイクル分）を完了させることが授業課題として求められた。ただし、1日の間に何日分でも学習を進めてよいこととした。自己評定に関してサイクルごとにグラフ化したもの（次ページ図4）を印刷し、個人ごとにフィードバックを数回行った。参加者は、このフィードバックにより、自覚することが難しい英単語学習の進捗を視覚的に知ることができた。

　このように、上田他（2016）のマイクロステップ計測技術を用いた語彙学習の研究では、学習時は英単語の理解度を自己評定し、客観テストでは、英単語の日本語訳を選択肢から解答するという形式であったため、そこで測定している知識は学習者が意識的に思い出せるレベルのものであると言える。したがって、今回の上田他（2016）の研究やこれまでの寺澤らのグループによる実践研究は、明示的知識を測定した研究と位置づけられる。

図3　英単語学習の画面の例

　英単語が音声とともに提示される（図3左）。英単語の下の「答えを表示」を押すと、「答え」の下に日本語訳が表示される（図3右）。学習者はその後、「判定は？」の下のボタンを選択し、その英単語についての到達度を自己評定する。

　横軸の「サイクル」は2日分の学習で1サイクルを示しており、学習日数が増えるほど、単語に対する自己評価がわずかであるが徐々に高くなっていることが描き出されている。つまり、学習の効果の積み重ねが示されている。

毎日の学習で行った自己評定（よい～全然だめ）の変化
スケジュールC：頻繁に出てくる問題の成績
2日分を1サイクルとした学習を継続していったときの，
自己評定がどう変化するのかを表しています。
自己評定なので，自分できびしく評価する日は得点が低くなるため，多少のデコボコが出てきます

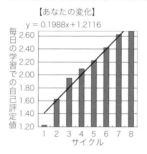

図4. フィードバックの例

　英単語学習に対する動機づけを測定するため，大学生用学習動機づけ尺度（岡田・中谷，2006）の教示を一部改変して用いた。この尺度は，自己決定理論（Deci & Ryan, 2000）における概念的定義をもとに作成されたもので，「外的」「取り入れ」「同一化」「内発」の4つの下位尺度からなる質問紙であり（次ページの表1），各項目に対して，5段階で評定を求めた。教示は，「この英単語学習について，お尋ねします。あなたはこの英単語学習をどのような理由で行っていますか。」であった。測定は毎回の学習に組み込まれており，5サイクル分回答することで，質問紙のすべての項目の回答を収集するように計画された。参加者の動機づけスタイルを明らかにするため，クラスター分析を行った。ここでは，この分析によって，4つの動機づけの高低で参加者を群分けした。その結果，次ページの図5のように，全体的に下位尺度得点が低い「低動機づけ群」，「外的」以外の下位尺度が高い「高動機づけ群」の2群に分かれた。

　次に，10サイクルまでの学習を完了した参加者70名を分析対象として，学習者の動機づけが学習期間中にどのように変化するかを検討した。10サイクルの期間のうち，1～5サイクルの期間を前半，6～10サイクルの期間を後半とした。また，低動機づけ群および高動機づけ群内で，フィードバック前に10サイクルを完了した者を，フィードバック経験なし群，10サイクル完了前にフィードバックを経験した者をフィードバッ

表 1. 大学生用学習動機づけ尺度（岡田・中谷，2006）の項目の例

下位尺度	項目の例
外的	・しないとまわりの人が文句を言うから ・まわりからやれと言われるから
取り入れ	・しておかないと恥ずかしいから ・よい成績や評価を得たいから
同一化	・そうすること自体が大切なことだから ・将来いろいろなことに役立つから
内発	・面白いから ・内容を理解できるようになるのがうれしいから

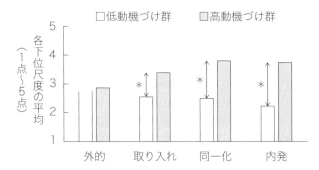

図 5. 動機づけスタイルごとの学習動機づけ尺度の各下位尺度の得点

注・$^*p <$ .05

　4 つの下位尺度得点ごとに，両群で差があるかどうか t 検定を行った結果，「外的」以外の 3 つの下位尺度得点で高動機づけ群の方が低動機づけ群よりも得点が有意に高かった。一方，「外的」では両群に有意な差は見られなかった。

ク経験あり群とした。各下位尺度に関して，フィードバックの有無，動機づけスタイル（低動機づけ群・高動機づけ群），学習期間（前半・後半）の 3 つの要因の影響について分散分析を行った。その結果，フィードバック経験あり・低動機づけ群の条件では，後半の「外的」の得点が前半のその得点よりも統計的に有意に低かった（次ページ図 6）。
　さらに，自己報告での測定による動機づけと比べて，より客観的な指標

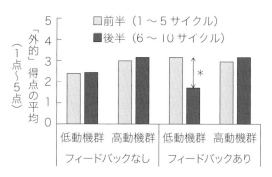

図6.　動機づけスタイル別の「外的」得点の変化

注・*$p<$ .05

である学習日数（10サイクル分の学習に要した日数）を指標として，分散分析（フィードバックの有無，動機づけスタイル，学習期間の3要因分散分析）を行った。その結果，フィードバックありの低動機づけ群のみで，サイクル前半と後半の間で統計的に有意な差が見られた（次ページ図7）。低動機づけ群でもフィードバックがない群では，学習期間の前半後半で学習日数の変化が見られないが，フィードバックがあった群では前半よりも後半の方が学習日数が約3分の1に減少している。すなわち，低動機づけ群にフィードバックを行うことによって，学習者は後半の学習をより早いペースで行ったと言える。

　以上の結果から，まず，動機づけの得点については，フィードバックを受ける前に学習を完了させた群，つまりフィードバックを受けなかった群では，動機づけスタイルにかかわらず，動機づけの変化が見られなかった。それに対して，学習成績のフィードバックを受けた低動機づけ群は，サイクルが進むことで，「外的」の得点が低下することが示された。一方，フィードバックを受けた高動機づけ群では「外的」の得点の変化は見られなかった。このことから，大学生の英単語学習では，学習のフィードバックは低動機づけ群に特に有効であるが，高動機づけ群では変化をもたらさないという適性処遇交互作用（aptitude treatment interaction: ATI）の存在が明らかになった。この適性処遇交互作用とは，学習結果は学習者の適性と学習における処遇・働きかけの間に見られる相互作用によって決まるという考え方である（Cronbach, 1957）。

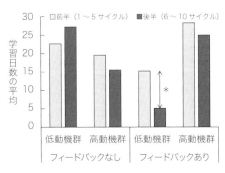

図7. 各条件における学習サイクルを完了させるまでの日数

注・*p＜ .05

　次に，学習行動については，フィードバックを受けた低動機づけ群において，学習の後半期間を前半期間よりも早い日数で終えることが示された。つまり，1回の学習量が前半期間よりも後半期間で増えたことを意味する。平均値で見てみると，10日ほど早く学習を終えている。なお，高動機づけ群では，このような学習ペースの速まりは見られなかった。このことについては，高動機づけ群では，英単語学習は一度にたくさんの英単語をまとめて学習するよりも，分散してコツコツ勉強した方がよいというメタ認知方略を持っていることが影響した可能性が考えられる。今後は，このような英語学習に対する学習方略の影響についても検討していく必要があるだろう。

　ここで紹介した上田他（2016）の実践研究は，自覚しにくい学習の積み重ねを可視化することは，動機づけが低い学習者の外発的な動機づけを低下させる効果が見られること，さらに，課題に要する学習日数が減少し，早く課題を行う様子が見られたことが示された。一方，動機づけが高い学習者にはそのような効果が認められなかった。

　このような結果から，動機づけが高い者と低い者で，動機づけを高める方法は異なることが示唆された。よって，これをすれば誰でも動機づけが高まるという魔法のような方法は存在しえず，個人差を考慮した学習指導や学習支援が重要であることが上田他（2016）の実践研究から明らかになった。ただし，上田他（2016）は大学生を対象としたものであり，英単語の日本語訳を見てどの程度知っているか判断するという単純な語彙学習

であるため，今後は学習内容についても検討することが必要である。

5. 3　フィードバックの効果に関する考察

　マイクロステップ計測技術による実践では，学習者に自覚させることが難しい学習成績の変化をフィードバックすることが，動機づけの変化にとって重要であることが報告されている（詳しくは寺澤（2015）を参照されたい）。ここでは，なぜフィードバックが動機づけに影響を与えるのかについて考察する。

　動機づけ研究の枠組みで考えてみると，上田他（2016）において学習後にフィードバックが行われたことは，ある一定の学習量を学習するという目標を達成した時に，自分の学習成績の変化の情報という「報酬」が与えられた状況であったと考えられる。寺澤（2012）は，人は「自分の外の世界に関する新しい情報」，「自分自身に関する正確で新しい情報」の2つの情報を手に入れるために行動を起こすとしており，フィードバックされる成績は後者にあたる。これは，これまで英単語学習を意欲的に行ってこなかった学習者にとっては，初めて手に入る自分自身の情報である。自分自身の自覚することが難しい学習成績の変化を p. 110 の図4のようにグラフで視覚的に提示されることによって，「自分はやればできる」といった有能性や，「自分は自分の学習をコントロールできている」といった自律性の獲得につながったと考えらえる。そのため，動機づけが低い群の外発的動機づけの得点が低下したと考察できる。

　さらに，中学生を対象とし，マイクロステップ計測技術を用いた漢字のドリル学習によって同様の実践を行った西山・土師・寺澤（2015）では，フィードバック時の教師による指導の効果を検討している。具体的には，各学習者自身の学習成績の推移のグラフを配布する際に数分程度個別に教師が学習者に声掛けや励ましをする実験群と，フィードバック用紙を配布するだけで教師による個別の声掛けや励ましを行わない統制群の両群で，フィードバック前後の動機づけの変化を検証した。その結果，実験群ではフィードバック前と比べてフィードバック後の方が学習意欲を測定する尺度の中の達成志向得点が向上し，統制群ではそのような変化が見られないことが示された。この結果から，動機づけを高める上では，教師による声掛けや励ましも重要な役割を果たすことがわかる。実験群では，「日々の

学習の効果が見られる」「自信を持って続けるように」などの教師による声掛けや励ましが行われていた。つまり、自分自身の学習に関する情報が教師によって改めて言語的に説明されることに加えて、教師による言語的報酬、つまり、褒め言葉も報酬として得られていたと考えることができる。

5. 4　暗示的知識・明示的知識との関係

最後に、上田他（2016）で行われたマイクロステップ計測技術を用いた語彙学習と暗示的知識・明示的知識との関係について考察する。今回の上田他（2016）の研究は明示的知識レベルの語彙学習であるため、暗示的知識については現段階では検討できていないが、多肢選択式の客観テストに加えて、暗示的知識を測定するテストを追加することによって、明示的知識が暗示的知識に変換されるのか、もしくは変換されないのかといった明示的知識と暗示的知識の関係についての問いに迫ることができるだろう。マイクロステップ計測技術によって、時間次元の要因を統制した上で、より精度の高いデータを得ることが可能となるため、どのようなタイミングで、また、どのような学習によって、明示的知識が暗示的知識に変換されるのかなどについて、詳細に検討することが可能である。

6. まとめ

本章では、心理学領域の動機づけ研究を概観し、特に自己決定理論について述べた。自己決定理論で強調されている外発的動機づけの自律化は、英語学習に対する動機づけの向上および継続性において重要な概念であることを指摘した。そして、動機づけを高める方法として、学習成績の可視化に着目し、明示的知識レベルの語彙学習に焦点を当てた上田他（2016）の研究知見を紹介した。上田他（2016）では、マイクロステップ計測法による技術を用いて、長期的に学習を行い、自覚できない明示的知識の蓄積を可視化し、その変化を学習者にフィードバックすることにより、動機づけが低い学習者の外発的動機づけが低下し、学習のスピードが速まることが示された。動機づけを高める指導に関して、以下のことが重要であることを述べた。

まず，適性処遇交互作用の存在である。大学生の英単語学習では，学習成績のフィードバックは低動機づけ群の外発的な動機づけを低めたのに対して，高動機づけ群では動機づけの変化をもたらさないことが示された。学習者の動機づけを高める教育実践や研究では，学習者の内発的動機づけを高めることが重要視される傾向にある。一方，上田他（2016）では授業の課題として強制的に課題を行うことが求められており，強制的に学習をさせる状況であったと言える。動機づけが低い学習者が，いきなり内発的動機づけに基づいた学習を行うことは非常に難しいと考えられるため，動機づけが低い学習者にはそのような状況が有効であると考えられる。鹿毛（2013）も外発的動機づけが学習に対してポジティブな効果をもたらす可能性にも注目する必要があると指摘している。つまり，外発的動機づけシステムの導入により，学習者にとって興味のない行動を実際に体験する機会が提供されるという視点から捉えることができる。そのような機会が提供されなければ，「外発的動機づけから内発的動機づけへ転化」することもないのである。

　さらに，そのような外発的な動機づけで学習を行う場合には，動機づけを維持するための報酬が必要であり，学習成績のフィードバックがその報酬として機能することがわかった。マイクロステップ計測法による技術により，これまで知ることができなかった自覚することが難しい自分の学習成績の変化についての情報は，動機づけが低い学習者にとって報酬となり得ることが示された。

　英語学習においては，明示的知識も暗示的知識も，その獲得に長期間の学習を要する点では共通していると考えられる。そのため，学習者の動機づけに応じて，どのような課題が学習する課題として効果的なのか，また，学習に対する報酬としてどのような報酬が効果的なのかということを，長期的な視点から，今後明らかにしていく必要があるだろう。

第8章　語彙力は知らない間に伸びていく？
—— マイクロステップ計測法による潜在記憶レベルの語彙学習

1. 記憶の知られざる力

1. 1　人は忘れる生き物である？

　日常生活において，記憶がすぐに忘却されてしまうことを実感する機会は非常に多い。帰省先で偶然知人に会ったものの，どうしても名前を思い出すことができずに気まずい思いをした。自宅の鍵を部屋のどこに置いたか忘れてしまい，出かける前に慌てて家中を探し回った。忘れ物をしたので自宅に取りに帰ったものの，何を取りに帰ったかを忘れてしまい唖然とした。このような経験から，私たちが「記憶はすぐに忘れてしまうものである」というイメージを持つことはごく自然なことであるように思われる。日常場面における記憶について調べた Nickerson and Adams（1979）は，毎日のように目にする 1 セント硬貨の絵柄を参加者に描写させるという実験を行い，その正確性が極めて低いことを明らかにした。このように，私たちが日常的に頻繁に目にする物ですら，それらの記憶は極めて不正確で曖昧であることが知られている。

　日々の学習において記憶の忘却は特に深刻な問題であり，学習者の頭を悩ませるものである。たとえば，新しい英単語帳を購入し毎日コツコツ暗記していたが，なかなか覚えることができずに途中で挫折してしまった。試験の前日に一夜漬けをして試験で高得点を取ることができたが，試験が終わるとすぐに学習した内容をすっかり忘れてしまい，数か月後に行われた実力テストの点数は散々であった等々，おそらく多くの学習者が同様の経験をしたことがあるのではないだろうか。どれだけ一生懸命学習してもなかなか覚えることができないという経験の繰り返しは，本来楽しいものであるはずの学習を辛く苦しいものに変えてしまう。このように，学習者が日々の学習の効果を実感することができないことは，学習の継続を困難にする 1 つの大きな要因となっている。

　時間経過と記憶の忘却の関係を示す指標として，エビングハウスの忘却

曲線は非常に有名である（Ebbinghaus, 1885）。子音，母音，子音のアルファベット3文字から成る無意味綴り（たとえば，jup, nif など）のリストを完全に記憶するまでに要する時間を，学習から31日後までの間に繰り返し測定し，初回の学習と比べて再学習に要する時間がどれだけ短縮できたかという節約率を算出したものである。その結果，学習の直後に急速に忘却が生じ，1時間後には約56％，1週間後には約79％と大部分の記憶が忘却されてしまうことが示されている。しかし，ここで考えなければならないことは，記憶を思い出せないということが，すなわち記憶が頭の中からすっかり消えてしまったことを意味するのかということである。

1．2　たった一回の学習の効果が残り続ける

　記憶は想起意識の有無により顕在記憶（explicit memory）と潜在記憶（implicit memory）に分けられる。顕在記憶は想起意識を伴う記憶であり，私たちの一般的な記憶に対するイメージと同様に時間の経過に伴って忘却されると考えられている。一方，潜在記憶は想起意識を伴わない記憶であり（Graf & Schacter, 1985），主にプライミング効果によって測定されるものである。プライミング効果とは，先に提示される刺激（プライム）の処理が後続の刺激（ターゲット）の処理に影響を及ぼすことを言う。たとえば，「しんりがく」という単語を事前に学習しておくと，たとえ学習したことを思い出せなくても「し□り□く」のような穴埋め課題の成績が向上することが知られている。

　潜在記憶に関する一連の研究により，記憶はすぐに忘れてしまうものであるという主観的な感覚に反して，わずかな学習の効果が驚くほど長期にわたって残り続けることが明らかになっている。たとえば，単語を学習してから1時間後と1週間後に潜在記憶課題を行った研究では，両条件においてプライミング効果が生起することが示され，さらに，両条件のプライミング効果にほとんど差が見られないことが報告されている（Tulving, Schacter, & Stark, 1982）。他にも，単語を学習してから5週間後（Komatsu & Ohta, 1984），さらには71週間（約1年4か月）後にも同様にプライミング効果が生起することが確認されている（Sloman, Hayman, Ohta, Law & Tulving, 1988）。

　近年になり，新たな潜在記憶課題として間接再認課題（indirect recognition task）が考案され（寺澤・太田，1993），過去のわずかな学習の効果を安定的に検出することが可能になっている。寺澤・太田（1993）は，大学生を対象に行った実験により，漢字2字で構成される単語を2秒ずつたった1回学習した効果が，およそ4か月後に行われた再認テストの成績に潜在的に影響を及ぼすことを明らかにした。4か月後に行われた再認テストでは，参加者にはテストの直前に提示された学習項目を想起するように教示しており，4か月前に学習した項目の想起は求められていなかった。さらに，4か月前にたった2秒しか学習していない項目を，参加者が意識的に思い出すことはそもそも困難である。以上により，本研究によって明らかにされた再認テストの成績に見られる過去の学習の効果は，潜在記憶に基づくものであるとされている。ところで，再認テストは，テスト時に学習した項目を意識的に想起させる課題であり，これまで記憶研究では顕在記憶課題として扱われてきた。しかし，本研究により，顕在記憶を測定しているはずの課題の成績に潜在記憶の影響が現れることが示されたのである。

　間接再認課題を用いた近年の研究では，私たちの記憶に対するイメージを覆すような事実が次々と明らかになっている。たとえば，現実場面において1週間前に道ですれ違った見ず知らずの人の顔を思い出すことは，ほとんど不可能であるように思われる。しかし，西山・寺澤（2013）は未知顔の線画を用いた研究により，覚えようとせずに見た未知顔の記憶が7週間後にも保持されていることを報告している。さらに，意味のない言語的に表現することが困難な感覚（知覚）的な情報もまた，非常に長期にわたって保持されることが明らかになっている。たとえば，聴覚刺激を用いた研究では，無作為に生成された音列の記憶が10週間後にも保持されていることが示されている（上田・寺澤，2010）。また，視覚刺激を用いた研究では，覚えようとせずに見た無意味図形の情報が長期記憶として保持され（Nishiyama & Kawaguchi, 2014），それらの記憶は3週間後（益岡・西山・寺澤，2017），さらには2か月後にも保持されていることが報告されている（寺澤・辻村・松田，1997）。さらに近年，視覚的な動きの記憶に関する長期持続性についての検討が進められており，たとえば，パソコンの画面上を黒点"●"が，まるで虫が飛ぶように無作為に動くというような視覚的な動きに関する記憶も同様に長期に保持されることが示されている

（Nishiyama, 2017；西山・鶴田・寺澤，2015）。これらの潜在記憶に関する研究は，ごくわずかな過去の経験（学習）の影響を，私たちが驚くほど長期に保持していることを明確に示している。

1．3　思い出せなくても，記憶は確かに存在している

　潜在記憶の興味深い点は，学習した項目を思い出せなくても，先行学習の効果が後続の課題の成績に現れるという点である。これはすなわち，たとえ一生懸命覚えた漢字や英単語を忘れてしまったとしても，それらの記憶は頭の中からすっかり消えてなくなってしまったわけではないことを意味している。それらの記憶は意識的には思い出せないだけで，無意識の記憶として静かに，そして確実に残り続けているのである。

　このように，潜在記憶に関する近年の研究は，ごくわずかな学習の効果が非常に長期にわたって残り続けることを明確に示している。しかし，現実場面における漢字や英単語などの学習においては，学習の積み重ねの効果をなかなか実感することができないというのが現実である。このような日々の学習においてもたった一回の学習の効果が確かに残っているのなら，そして，もしそれらの学習の効果を可視化することができたなら，学習者の記憶に対する認識，さらには，学習に対する意識は大きく変わるのではないだろうか。

2．自覚できない日々のわずかな学習効果を可視化する

2．1　日々の学習効果を正確に測定する難しさ

　潜在記憶に関する一連の研究から，日々の学習において「英単語を1回見る」というようなわずかな学習の効果も，学習者が自覚することができないレベルで長期に保持されている可能性が示唆される。しかしながら，このような日々のわずかな学習の効果を正確に測定し，それらの情報を学習者の目に見える形で提供できる学習教材はこれまで存在しなかった。

　現実場面における日々の学習の効果を厳密に測定するためには，解決しなければならない多くの問題がある（e.g., 寺澤・吉田・太田，2008）。それは，心理学における記憶研究と現実場面における日々の学習の間に大きな隔たりがあるためである。一般的な記憶実験では実験者により学習項目数

が制限されるが，現実場面においては多くの場合，学習者が自身に課す学習項目は非常に膨大である。たとえば，英単語帳に載っているすべての英単語を覚えようとする場合，学習項目数は優に 1000 を超えることになる。また，記憶実験では学習項目 1 つあたりの学習回数や学習時間が厳密に統制される。一方，日々の学習においては，ある学習項目を「1 日に何回学習するか」，また，「1 回の学習にどれだけの時間をかけるか」はすべて学習者に任されている。加えて，ある時点の学習の効果を測定することを目的とする記憶実験では，学習からテストまでの間にすでに学習した項目の再学習を行うことはない。しかし日々の学習では，1 年を超えるような非常に長い期間の中で，同一の項目を繰り返し何度も学習することになる。さらに，記憶実験ではある時点に学習を行い，その効果を一定期間後（たとえば，1 か月後）に行われるテストで評価するというのが一般的であるが，現実場面において学習は長期にわたり不定期に行われるものであり，学習してからテストが実施されるまでの期間は個々の学習項目によって大きなばらつきがある。

　このように，現実場面における日々の学習には不確定な要素が多く，時間軸上においてそれらの要因の組み合わせには無限と思われるほどのバリエーションが存在するのである。ここで重要なのは，1 回の経験（学習）がその後の行動に及ぼす影響は，時間とともに変化していくものであるということである。すなわち，語彙学習のように長期にわたって行われる学習においては，学習を反復するタイミングや個々の項目の学習からテストまでの時間（インターバル）によって，1 回の学習が持つ効果はそれぞれ異なるのである。時間軸上に想定される要因を考慮せずに得られるデータは，個々のデータがそもそも大きな誤差を含んでおり，それらの誤差の積み重ねは本来測定すべき真の学習効果を覆い隠してしまう。それゆえに，現実場面における日々の学習において，たとえば「ある英単語を 1 回学習した」というようなわずかな学習効果を正確に検出するためには，学習者一人ひとりについて，長期にわたって行われる学習において何度も繰り返される個々の学習イベントを統制するための新たな方法論が必要となるのである。

2. 2 マイクロステップ計測法

　マイクロステップ計測法は，新たに開発されたイベントスケジューリング法とインターバル相殺法という実験計画法に基づき，膨大な数の学習項目の1つ1つについて，学習回数や学習タイミングをスケジューリングすることにより，個人の学習段階をこれまでにない水準で厳密に推定しようとするものである（e.g., 寺澤・太田・吉田，2007；寺澤ら，2008）。すなわち，学習者一人ひとりについて，ある特定の学習項目をいつ何回学習し，いつテストを行うか，さらに，個々の学習項目について学習からテストまでの期間が等しくなるように統制された学習スケジュールを生成する技術と言うことができる。なお，ここではマイクロステップ計測法のスケジューリング原理の全容について紹介することはできないため，詳細については寺澤ら（2007）を参照していただきたい。

　マイクロステップ計測法の主要な方法論であるイベントスケジューリング法の概要を説明するため，ここでは高校生を対象に768語の英単語の学習を8か月以上継続して行った寺澤ら（2008）の研究を紹介する。一般的な記憶実験の場合，ある日に英単語を学習したという効果が1か月後にどの程度残っているかを検討するためには，ある1日にすべての単語を参加者に学習してもらい，それらの単語についてのテストをその1か月後に実施することになる。しかしながら，学習者に1日で800語近い英単語の学習を求めることは難しい。実際には，寺澤ら（2008）ではある単語を1日のうちに複数回学習した場合の学習効果について検討するため，1日に同一の単語を1〜8回繰り返し学習するといった条件が設定されていた。この条件で所定の単語を1日のうちに学習すると仮定すると，参加者は実験計画上1日に3000回を超える学習をこなさなければならず，これは明らかに非現実的である。1日の学習項目数を現実的な数にとどめるためには，学習項目をいくつかに分割し，それらを数日間に分けて学習する必要があるが，学習を数日に分けることにより，今度は個々の学習項目について学習からテストまでの間隔が不揃いになるという新たな問題が生じることになる。そこで，寺澤ら（2008）はイベントスケジューリング法により，学習項目1つ1つについて，学習からテストまでの時間が等しく1か月になるようにスケジューリングを行った。イベントスケジューリング法は種まき法とも呼ばれ，学習とテストを対応づけた形で，それら

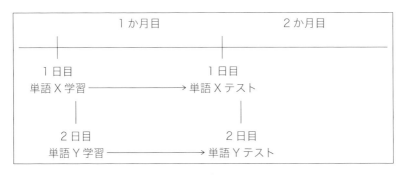

図1. 学習スケジュールの概要

をある一定の期間において"種をまくように"分散させるというものである。ごく簡単に説明すると，図1のように，単語Xを1か月目の1日目に学習したとすると，2か月目の1日目に単語Xに対するテストが行われ，単語Yを1か月目の2日目に学習したとすると，同様に，2か月目の2日目に単語Yに対するテストが行われるといった具合である。このようにして，すべての学習項目について学習から等しく1か月後にテストが行われるように操作された。

　学習はノートパソコンを用いて行われ，1回の学習は次の通りであった。はじめに画面に英単語が1語提示され，参加者はその単語の意味を思い出す。キーを押すと先の単語の訳語が提示され，参加者は提示された英単語について，「自分が後どのくらいこの英単語を学習しなければならないか」を4段階（A：良い［3点］，B：もう少し［2点］，C：だめ［1点］，D：全くだめ［0点］）で評定することが求められた（図2）。なお，寺澤ら（2008）における学習は，学習そのものがテストの機能を併せ持っているという大きな特徴がある。すなわち，提示された単語に対して自己評定を行うことが学習であり，同時に，得られる自己評定値が個々の単語の学習到達度を測定するテストの指標となるわけである。

　次ページの図3は，8か月にわたって行われた学習における自己評定値の推移を表したものである。実験の結果，学習回数（1〜8回）によらず自己評

図2．1回の学習の流れ

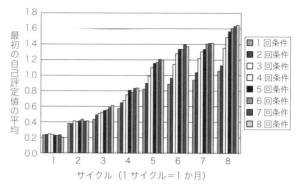

図3. 自己評定値の変化（寺澤ら，2018）

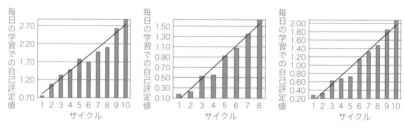

図4. 個人ごとの自己評定値の推移

定値は1か月目から8か月目にかけて右肩上がりに推移していくことが明らかになった。学習した単語の記憶が時間経過とともに失われるならば，自己評定値にこのような右肩上がりの変化は見られないはずである。つまりこの結果は，日々の学習において「英単語を1回学習する」というようなわずかな学習の効果が，数か月単位で確実に積み重なっていくことを示している。また，図3は参加者全員の自己評定値の平均値をグラフに示したものであるが，一人ひとりの参加者について個別に自己評定値を集約すると，図4のようなグラフを得ることができる。これはすなわち，学習者個人の学習到達度の推移を表すものである。このように，膨大な学習項目1つ1つについて学習とテストの生起タイミングをスケジューリングするマイクロステップ計測法によって，学習者一人ひとりについて，自覚できないようなわずかな日々の学習の積み重ねの効果を可視化することができるようになったのである。

2. 3 学習効果の可視化がもたらす新たな情報

　マイクロステップ計測法を用い，実際の教育現場において英単語や漢字の学習支援を行っている一連の研究では，自己評定値の推移を示すグラフが学習者一人ひとりにフィードバックされ，学習や教育に広く役立てられている（e.g., 寺澤・岩本，2008；西山・寺澤・三宅・古本，2012, 2014；西山・益岡・田中・牛・寺澤，2018；西山・土師・寺澤，2015；矢地・寺澤，2011）。従来の学習教材では，学習者はテストに対する正答率や「単語帳の何ページまで学習が終わった」「何時間勉強した」といった学習量などから日々の学習効果を推し量ることしかできなかった。しかし，マイクロステップ計測法により，学習者一人ひとりについて，日々のわずかな学習効果の積み重ねを正確に可視化し，それらを学習者に提供することが可能になった。これまで学習効果をなかなか実感することができなかった学習者にとって，日々の学習の効果が目に見えることは学習を継続していく上で大きな意味を持つと考えられる。また，個々の学習項目に対する正確な学習到達度が可視化されたことにより，すべての学習項目を習得するために必要な時間を学習者自身が推定することが可能になった。図4のグラフ中に描かれている右上がりの直線は，1か月ごとの評定平均値について近似直線を引いたものである。これにより，学習者が「あとこれだけ学習すればできるようになる」という見通しを持って，前向きに学習に取り組むことができるようになると考えられる。実際に，学習到達度を表すグラフを学習者にフィードバックすることにより，学習者の学習意欲が高まることが示されている（第7章参照）。

3. 語彙力の長期的習得プロセスに関する研究

　現在，英語の語彙力の長期的な習得過程を明らかにすることを目的とした大規模な縦断研究が進められている（佐久間・鈴木・西山・上田・寺澤，2016；鈴木・佐久間・上田・西山・寺澤，2017；鈴木・佐久間・西山・上田・寺澤，2018）。英単語の学習は一度学習すれば終わりというものではなく，それらを学習者が完全に習得するためには長期にわたって何度も繰り返し学習を継続する必要がある。しかしながら，これまでの語彙習得に関する多くの研究では，このような長期にわたる継続的な学習という側面につい

図 5. E-learning による
学習画面の例

ては考慮されてこなかった。さらに、語彙習得の基盤となる意味記憶には潜在記憶が関与していると考えられるが（e.g., Tulving, 1995），語彙習得に関する研究では顕在記憶を測定する課題から得られた結果に基づく議論が中心となっており，それらの研究によって得られた知見は，日々の学習における語彙習得プロセスをそのまま反映するものではないという可能性も考えられる。

鈴木ら（2017）は，マイクロステップ計測法に基づく E-learning により，英単語を 20 日間継続して学習した場合の学習効果について検討している。3 つの大学（X, Y, Z）の大学生を対象に実験が行われ，参加者は個人の所有するスマートフォンなどの携帯端末を用いて英単語の学習を行った。1 回の学習は，はじめに画面に英単語 1 語が提示され，ボタンを押すとその単語の意味と到達度の入力画面が表示されるというものであった（図 5）。ここでは，参加者は提示された単語に対し，自身の到達度を「良い」「もう少し」「だめ」「全くだめ」の 4 段階で評価することが求められた。また，学習タイミングによる学習効果の違いについて検討するため，それぞれの単語は 2 日おきに一度（スケジュール C）あるいは 4 日おきに一度（スケジュール B）出現するようにスケジューリングされていた。なお，参加者には実験開始前に，単語の意味を覚えようとしなくてよいことが教示されていた。

学習は 20 日間継続して行われたが，データの欠損により，Y 大学については 12 日間，Z 大学については 10 日間の学習データについて分析がなされた。その結果をまとめたものが，次ページの図 6 である。グラフの横軸であるサイクルは，20 日間における学習（自己評定）の反復回数を表すものである。スケジュール C では同一の単語を 2 日に一度，スケジュール B では同一の単語を 4 日に一度学習したため，スケジュール C では 2 日ごとに 1 本，スケジュール B では 4 日ごとに 1 本のグラフが立つことになる。図 6 に示されている通り，自己評定値は学習を継続するうちに統計的に有意に上昇していくことが明らかになった。佐久間ら（2016），

鈴木ら（2018）においても同様の結果が報告されており，これらの研究は，単語の意味を覚えようとしなくても，短時間の学習によって確実に語彙力が身についていくことを示している。さらに，鈴木ら（2017）では，ある単語を2日おきに学習するよりも4日おきに学習する方が効率的であるという可能性が示された。これは，ある単語を「いつ学習するか」といった学習タイミングが，潜在記憶レベルの語彙習得において重要な要因となることを示唆するものである。また，同一の手続きで学習を行った3つの大学（X, Y, Z）において，得られる学習効果に違いが見られることも明らかになっている。これらの違いを生み出す要因については今後さらなる検討が必要であるが，たとえば，1回の学習にかける時間や学習環境，また，学習者の語彙に関する事前の知識量（記憶）などが影響を及ぼしている可能性が考えられる。

　過去の学習の効果が個々の単語の自己評定に潜在的に影響を及ぼしていると考えられることから，マイクロステップ計測法に基づき収集された自己評定値に現れる学習効果は，現実場面に即した日々の学習において，学習者が自覚できない潜在記憶レベルの語彙習得プロセス，すなわち，暗示的知識の習得プロセスを反映しているものと言える。このように，潜在記

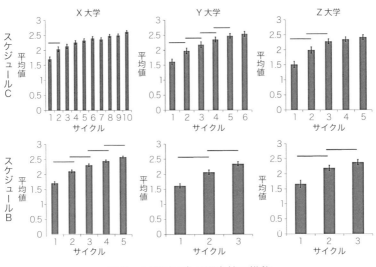

図6．大学別の自己評定値の推移

憶レベルの語彙習得プロセスにおいてどのような要因が意味を持つのかについて精査することにより，これまで議論されていなかった潜在記憶に基づく語彙習得プロセスについて明らかにすることができると考えられる。具体的には，1つの英単語を1日に学習する回数，1回の学習にかける時間，学習を繰り返すタイミング，また，記銘意図の有無，学習環境の違い（学習場所や学習媒体），語彙に関する事前の知識量（記憶）の違いなど，これらの要因やその組み合わせが語彙習得に及ぼす影響について詳細に検討することによって，語彙習得プロセスのメカニズムの解明にとどまらず，より効率的な語彙学習の実現につながると言えるだろう。

4. 潜在記憶レベルの語彙習得

4. 1　覚えようとしなくても語彙力は身についていく

　語彙の学習は，大きく意図的学習（intentional learning）と偶発的学習（incidental learning）に分けられる。意図的学習は，学習項目を覚えようという意図（記銘意図）のある学習である。たとえば，英単語帳などで単語とその訳語を暗記するといった学習は意図的学習であり，多くの学習者が日常的に行っているものと言える。一方，偶発的学習は記銘意図のない状況で生じる学習であり，好きな英語の本を読んでいるうちに，自然と語彙力が身についていくといった例が挙げられる。第一言語の習得は，語彙を1つ1つ暗記するというよりも，日々の生活の中で様々な語彙に繰り返し接するうちに自然と習得していくという側面が強く，主に偶発的学習に基づくと考えられている。一方，第二言語の習得においては相対的に意図的学習の果たす役割が大きいと言われている（e.g., Laufer, 2005）。実際に，一般的に語彙学習においては暗記がつきものであるという認識が根強く浸透しているが，マイクロステップ計測法を用いた研究は，単語を覚えようとしなくても学習効果は数か月単位で積み重なっていくことを明確に示している。潜在記憶においては意図的学習と偶発的学習の違いが見られないことが知られており（e.g., Roediger & McDermott, 1993），これらの知見は，潜在記憶レベルの語彙学習においては，偶発的学習によっても語彙力が着実に身についていくことを意味している。一生懸命努力をして英単語を暗記しようとする学習と英単語を単に眺める程度の学習では，学習に対する

心的負荷が大きく異なることは自明である。この偶発的学習によっても語彙力が着実に身についていくという事実は，学習を長期的に継続していく上で，学習者にとって励みとなるものであると思われる。

4．2　学習量と語彙習得は単純な比例関係ではない

「英単語をたった1回学習した」というようなわずかな学習の効果が数か月単位で残り続けるという事実は，学習者にとって意味のあるものであると思われるが，おそらく学習者が最も知りたい情報は，「どのように学習すれば最も効率的に語彙力を伸ばせるか」ということではないだろうか。たとえば，語彙を効率的に習得するためには繰り返し何度も同じ語彙を学習することが重要であると言われているが，これに反して，潜在記憶レベルでの語彙習得に関する研究では，過度な反復学習はあまり意味を持たない可能性が示されている。

寺澤ら（2008）の結果を示した図3（p. 124）には，各サイクル（月）ごとに1日に同一の英単語を何回学習したかという学習回数条件別に8本（1〜8回学習条件）のグラフが描かれている。各月のグラフについて1回学習条件から8回学習条件のそれぞれのグラフの差分を見ると，学習回数が5回を超えるあたりから，繰り返しの学習によって得られる効果が小さくなっていく様子がうかがえる。実際に5か月目以降においては，学習回数が5回以上では統計的に有意な学習の繰り返し回数の効果は見られなかった（寺澤ら，2008）。つまり，潜在記憶レベルの語彙学習では，語彙を早く習得したいからといって1日に何度も何度も繰り返し学習したとしても，必ずしも学習回数に比例して語彙力が伸びていくというわけではないようである。

「1つの学習項目をどれくらいの時間学習すればよいか」という情報もまた，学習者にとって非常に興味のあるものであると思われる。E-learningにマイクロステップ計測法が実装されたことにより，紙媒体の学習では測定することができなかった，実際に学習者が1回の学習にかけている時間をデータとして収集することが可能になった。小学生を対象にE learningによって漢字の読みの学習を行った研究では，先行研究と同様にわずかな学習回数の積み重ねの効果が得られたが，学習者が1回の学習にかけている時間について分析を行ったところ，平均するとたったの2

秒程度であることが明らかになった（西山ら，2018）。この結果は，2秒に満たないような短時間の学習であっても語彙力が確実に身についていくことを示している。日々の学習において，語彙学習のために毎日コンスタントにまとまった時間を確保することは難しいが，このような短時間の学習であれば，毎日継続していくことも容易いだろう。ただし，この結果はごく短時間の学習でも語彙力が身についていくことを示すものであるため，最も学習効率を高める学習時間についてはこれらの知見をもとに，今後さらなる検討が必要である。

4.3 効果的な学習タイミングとは？

　集中学習（massed practice），分散学習（distributed practice）に関する研究によれば，古くから分散学習の方がより効率的であると言われているが（e.g., Hintzman, 1974），現在のところ，現実場面における日々の学習のように自由度の極めて高い学習スケジュールにおいて，どのようなスケジュールが最も学習効率を高めるかについては明らかにされていない。現実場面における日々の学習に即した形で「いつ何をどのように学習すればよいか」を明らかにする上で，先にも説明した通り，個々の学習について厳密にスケジューリングを行うことができるマイクロステップ計測法は強力なツールになると言えるだろう。

　マイクロステップ計測法を用いたこれまでの研究により，ある学習期間における語彙の学習回数が同じであっても，その語彙を「いつ学習するか」という学習タイミングによって，得られる学習効果が異なる可能性が示されている。繰り返しになるが，大学生を対象に英単語の語彙学習を行った研究では，ある英単語を2日おきに学習するよりも，4日おきに学習する方が効率的であるという可能性が示されている（鈴木ら，2017）。同様に，鈴木ら（2018）においても，学習タイミングによって学習効果の表れ方に違いが見られることが報告されており，分散学習の中でも具体的にどのようなスケジュールが最も学習効果を高めるかについての検討が進んでいる。さらに，小学生を対象に四字熟語の学習を行わせた研究では，1日に同一項目を学習する回数と学習タイミングに交互作用が見られることが確認されている（西山ら，2012）。この結果は，1日のうちにある項目を何回学習するかによって，効果的な学習タイミングがそれぞれ異なる可

能性を示唆するものである。このように，マイクロステップ計測法により，単に集中・分散学習という大きなレベルではなく，これまで検討することが困難であった，より細かな学習回数や学習タイミングの要因の組み合わせが学習効果に及ぼす影響について，徐々に明らかになりつつある。

4. 4　学習コンテンツの影響

　一口に英単語の学習といっても，学習する単語の難易度は様々であり，一般的に，難しい単語ほどその習得は困難になるというイメージがある。しかし，潜在記憶レベルの語彙習得においては，英単語の難易度によって習得スピードに違いが見られないことが報告されており（寺澤，2008；寺澤・高木・寺前・原，2007），これは，英単語の難易度と習得のスピードが独立であることを示唆するものである（吉田・寺澤，2011）。一方，英単語の学習と漢字の学習では，その習得過程が異なることが明らかになっている。英単語の学習を行った研究では1日に5回以上の学習で（寺澤ら，2008），漢字の読みの学習を行った研究では1日に2回以上の学習で1日における学習の繰り返し回数の効果が見られなくなることが示されている（寺澤，2016）。このことは，漢字と英単語というような学習コンテンツの種類により，1日に行う最適な学習回数の上限が異なることを示唆している。これはすなわち，第一言語と第二言語の習得過程の差異を反映している可能性が考えられ，潜在記憶レベルの語彙習得プロセスの解明において理論的に重要であると考えられる。

　英語の語彙学習においては，英単語のスペリングや訳語だけではなく，その発音を習得することも同様に重要である。聴覚的記憶は視覚的記憶ほど優れてはいないことを示す研究もあるが（e.g., Cohen, Horowitz, & Wolfe, 2009），潜在記憶に関する研究では無意味な音列の記憶が長期に残るという研究もあり（上田・寺澤，2008, 2010），英語の音声についても同様に，潜在記憶レベルでわずかな学習の効果が長期にわたって保持される可能性が十分に考えられる。このように，英単語の持つ視覚的な情報，意味情報だけでなく，難易度や音声情報など，コンテンツによる学習効果の差異についての検討が進められている。

4. 5 語彙学習には個人差がある？

　潜在記憶レベルの語彙学習においては，学習者個人の学力の高低にかかわらず，確実に語彙力が身についていくことが示されている（e.g., 寺澤, 2016）。しかし，その習得スピードには個人差が見られることも明らかになってきている。p. 124 の図 4 のグラフは英単語の学習を行った高校生 3 名の自己評定値の推移を示したものである。図中の近似直線の傾きを比較すると，単語を完全に習得するまでに要する時間にはかなりの個人差があることがわかる。また，鈴木ら（2017）は，個人レベルの差異ではないものの，所属する大学によって学習効果の推移に違いが見られることを報告している（p. 127, 図 6）。研究に参加した 3 つの大学の参加者はまったく同一の学習スケジュールのもとで学習を行っていたにもかかわらず，その学習効果の現れ方が統計的に異なっていた。1 回の学習にかけている時間，記銘意図の有無，学習者の先行経験量や学習環境の違いなど，どのような要因がこれらの違いを生み出しているかについて，今後さらなる検討が必要である。

　学習効果にこのような個人差が見られることは，見方を変えれば，学習者によって効率のよい学習スケジュールがそれぞれ異なるという可能性を示唆している。潜在記憶レベルの語彙習得について，一般的にすべての学習者に当てはまる原理や法則を明らかにすることも重要であるが，学習者にとって最も期待されるのは個人レベルで最適な学習スケジュールを提案できるようになることだろう。マイクロステップ測定法を用いた語彙学習では，1 つ 1 つの学習項目の学習到達度を正確に測定することができるようになった。これにより，学習者一人ひとりについて，一定期間の学習によって得られたデータを基に，すべての学習項目に関する習得率のランキングを作成し，学習が不十分な項目を集中的に学習することや（三宅・寺澤, 2011），すでに実力レベルで十分に習得された項目を学習から外し，学習を効率化することも可能になった。また，学習者ごとに最も学習効果の高い学習スケジュールを生成し，より効率的な学習を提供することも原理的には十分可能になっている（寺澤, 2015）。将来的には，個人ごとに最適な学習スケジュールに基づいた学習が提供され，これまでにないレベルで学習を最適化できるアダプティブ・ラーニングの実現が期待される。

　また，個人差を考える上では，加齢の影響についても考慮する必要があ

るだろう。顕在記憶は加齢の影響を大きく受けるが，潜在記憶には加齢の影響がほとんど見られないことが知られており（e.g., Ohta, 2002），潜在記憶レベルでの語彙習得の過程においては年齢による違いが見られない可能性も考えられる。学習は生涯にわたって行われるものであることから，長期的な学習における年齢による学習効果の差異を検討することも，今後の重要な課題である。

5. 潜在記憶レベルの語彙の長期的な習得過程の解明に向けて

　語彙習得の基盤となる意味記憶には潜在記憶が関与していると考えられ，語彙習得プロセスについて明らかにするためには，潜在記憶レベルの学習過程について明らかにする必要がある。マイクロステップ計測法により収集される自己評定値は，確かに日々のわずかな学習の効果の積み重ねを反映した指標であり，それによって描き出されるグラフは，まさに潜在記憶レベルで語彙が確実に身についていく過程を表していると言える。先行研究により，潜在記憶レベルの語彙習得においては，学習の繰り返しによって長期的には語彙力は確かに向上していくが，必ずしも語彙力は単調増加していくわけではないことが示されている（e.g., 寺澤，1997, 2001）。この現象は，潜在記憶レベルの語彙表象の性質を反映していると考えられ，理論的に重要であると考えられる。

　前述の通り，英語の語彙学習においてはその発音の習得も極めて重要であり，英語音声が潜在記憶レベルでどのように習得されていくかについて明らかにすることは，英語の語彙習得プロセスについて明らかにする上でも重要である。しかし，日本語母語話者において英語音声の聴覚表象がどのように獲得されるのか，また，日本語音声と英語音声の聴覚表象の形成プロセスや表象の性質の差異については，これまで十分に検討されてこなかった。現在，筆者はこれらの未解決の問題について実験的に検討を進めているところである。

　未知の語彙が既知の語彙になっていく語彙習得プロセスの全容について明らかにするためには，今後，さらに長期にわたる縦断研究が必要になるだろう。それと同時に，潜在記憶レベルの語彙習得に影響を及ぼす要因を明らかにすることも重要な課題である。これらの研究がさらに進み，潜在

記憶レベルの英語の語彙習得の特性が明らかになれば，個々の学習者に応じてより高度に最適化されたアダプティブ・ラーニングを提供できるようになる。これにより，「一生懸命学習してもなかなか覚えられない」といった語彙学習に対するネガティブなイメージを払拭するとともに，英語学習の基盤となる語彙力を底上げすることにより，英語教育に大きく貢献することが期待される。

第9章 使える文法知識は脳のどこにあるのか？
——第二言語の暗示的知識と明示的知識を支える神経基盤

1. はじめに

　母語は流暢なのに，第二言語となるとそうはいかない。母語は説明でき
ないものの正しく使えるが，第二言語は説明できるのに正しく使えない。
これが，多くの第二言語学習者や使用者の実感ではないだろうか。専門的
に言えば，無意識的で直観的な暗示的知識（implicit knowledge）のおかげ
で，日本人は日本語を流暢に使えている。一方，日本人が第二言語（英語）
を流暢に話したり聞いたりできないのは，直観的で無意識的な暗示的知識
を習得していないため，意識的に学習した明示的知識（explicit knowledge）
に頼らざるを得ないからだと考えられる。本章では，第二言語の暗示的知
識と明示的知識を支える神経基盤について，紹介していく。

　第二言語習得研究では，どのように暗示的知識と明示的知識の所在を明
らかにしてきたのだろうか。これまでの研究を見てみると，ある文が文法
的であるか形式に焦点を直接当てて判断させる文法性判断テスト（Gram-
maticality Judgement Test: GJT）や形式に直接注意を払わずに，文法とは関
係ないところ（例：意味）に焦点を当てる課題を用いることで，それぞれ
の課題の行動データ（例：反応時間，正答率）を分析しているのがほとん
どである。しかし，このような方法には，理論的にも方法論的にも以下の
ような問題が指摘されている（詳細は Rebuschat, 2013 を参照）。

　まず，文法性判断等の課題が暗示的知識や明示的知識を精緻に測定する
ことがそもそも可能なのかという問題である。次に，第二言語に習熟する
につれて，暗示的知識や明示的知識の質量にも変化が生じると想定されて
いるが（R. Ellis, 2005），これまでの研究のほとんどはそれらの知識の変化
を十分にとらえきれていない。さらに，正答率や反応時間といった行動
データだけでは，流暢で直感的な暗示的知識と分析されてはいるが，高度
に自動化された明示的知識を完全に分離することは不可能ではないだろう
か。第二言語習得研究者の中にも，日本のような外国語環境で第二言語を

学ぶ場合は，まず明示的知識を身につけ，日々の努力や留学等を通して，明示的知識が自動化され，流暢な言語使用が可能になると提唱している研究者もいる（DeKeyser, 2003; Suzuki & DeKeyser, 2017）。このような問題を克服するためにも，研究手法における何らかのイノベーションが必要だと筆者は考えてきた。その1つの答えが，脳イメージング手法（neuroimaging techniques）である。

　近年，第二言語学習者の明示的知識と暗示的知識の処理に関与する神経基盤を，機能的磁気共鳴画像法（fMRI）を用いて測定し，質的な違いを明らかにする試みが増えつつある。本章では，まず，学習方法の違い（明示的学習 vs. 暗示的学習）が明示的・暗示的知識の形成にどのように影響するのか，言語要素（文法 vs. 語彙）の習得と明示的・暗示的知識はどのような関係にあるのか，等の先行研究を概観する。次いで，日本人英語学習者の暗示的知識と明示的知識が，母語話者の脳内知識体系とはどのように類似・相違しているのか検証した筆者の実験を紹介し，使える第二言語知識は脳のどこにあるのかを議論したい。

2. 第二言語習得研究や脳科学における暗示的・明示的言語知識

　第二言語習得研究において，暗示的知識と明示的知識の区分の大きな決め手は意識（awareness）の有無である。クラッシェン（Krashen）の習得・学習仮説によれば，学習者が対象言語を用いて意味を処理する際に無意識的に言語の形式を身につけることを習得（acquisition），学習者が明示的に提示された規則を意識的に学ぶのを学習（learning）と大別されている（Krashen, 2003）。クラッシェンは，習得された知識を暗示的知識，学習された知識を明示的知識としてそれぞれ定義している。第二言語習得研究では，多かれ少なかれクラッシェンの考えに基づいて，第二言語学習者の言語知識はどのようなものかを定義したり，学習者の知識を測定するための課題を開発したりしてきている（第3章を参照）。

　一方，脳科学研究では，失語症研究の成果である手続き的記憶（procedural memory）と宣言的記憶（declarative memory）の分類（e.g., Ullman et al., 1997）に基づいて宣言的・手続きモデル（declarative / procedural model）が提唱され，明示的知識と暗示的知識との関係を論じられてきている。脳

科学では，脳内で言語情報がどのような性質のものでどのように処理されているのかが重要な論点である。つまり，処理される情報が（階層的）規則的性質を持っているもので，言葉で説明できないが手続き的記憶からほとんど意識しないで取り出されるものなのか，言葉で説明できる性質のもので宣言的記憶から意識的に取り出されるものなのかである（Paradis, 1994, 2009; Ullman, 2004, 2016）。手続き的記憶とは，条件学習，習慣形成，スキルを身につけるのに関与する記憶のことを指す（第1章を参照）。手続き的記憶のおかげで，音声，形態，統語などの言語情報を順次に組み立て流暢な言語コミュニケーションが可能である。言語情報が手続き的記憶に定着するためには多くの経験を必要とするため長い時間がかかるが，一旦定着すると長時間保持することが可能である（第1章も参照）。一方，宣言的記憶は言葉で説明できる情報の保存や学習に関与する記憶システムで，短期間で学習することが可能である（Paradis, 2009, Ullman, 2016）。ウルマン（Ullman）によれば，すべての宣言的知識が意識的に処理される必要はなく，手続き的記憶もすべてが無意識的処理である必要はないとしている。この点において，第二言語習得研究で言うところの暗示的・明示的知識の区分と，脳科学で言うところの手続き・宣言的記憶の説明に多少ずれがある。

3. 脳内の手続き・宣言的記憶を支える神経基盤

　脳内の記憶システムは，宣言的記憶と手続き的記憶の2種類に分けられる。これらの記憶システムは，一般の学習と記憶全般に関与するもので，同様に言語知識の学習と運用にも関与する。宣言的記憶に基づいて脳内で言語知識というものが形成され，手続き的記憶によって，その言語知識を運用する技能が形成される。これらの記憶システムは，脳の中の異なるメカニズムによって支えられている。宣言的記憶の形成には，海馬を中心とした側頭葉領域が不可欠であることが知られている。しかし，手続き的記憶の神経機構はまだ明らかにされていない。

　これまでの脳科学に基づいて，宣言的記憶と手続き的記憶に関連する脳領域を図1で示す。手続き的記憶は言語を運用する技能に関与することから下前頭回（inferior frontal gyrus）や運動前野（premotor area）を含む前

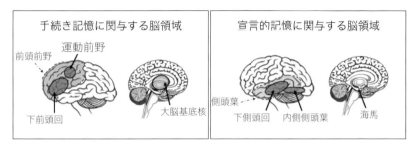

図 1. 手続き・宣言的記憶に関する神経基盤模式図

頭前野と大脳基底核（basal ganglia）のネットワークに分散され，広い脳領域が関与しているとされている。前頭前野と大脳基底核は，運動制御，習慣形成，技能（スキル）などの獲得や運用に重要な役割を果たす領域とされている（Packard & Knowlton, 2002; Ullman, 2016）。以下ではこれまでの脳科学でわかりつつある知見を 2 つ紹介する。

　第 1 に，（階層的）文法規則は手続き的記憶システムで処理されている。多くの脳イメージングを用いた言語研究では，ブローカ野として知られている左半球の下前頭回が文法規則の処理に特化していることが報告されている（Friedrich, 2011 を参照）。また，大脳基底核は，上述したように，運動技能の習得，習慣形成など行動の獲得に関与する機能があり，言語以外の様々な技能の手続き的記憶に関与する領域で知られている（Squire & Zola, 1996）。

　第 2 に，宣言的記憶を司る脳内神経基盤は側頭葉の内側側にある海馬と海馬傍回と下側頭葉が関与している（Squire & Zola, 1996; Ullman, 2016）。宣言的知識として分類される語彙情報が処理されるのも下側頭葉と海馬とを含む内側側頭葉である。特に，海馬とその周辺の脳領域は異なる知識，経験などを結び，記憶を定着させる役割があり，何を，どこで，いつといった事実を記憶する機能を持っている。脳イメージング手法を用いて語彙学習の神経基盤を調べた先行研究では，学習初期に海馬が活性すればするほど，後のテスト時の成績が高いことが報告されている（e.g., Breiten-stein et al., 2005）。海馬が語彙など，明示的・宣言的情報の学習に重要な役割を果たしているということだろう。

　一方，文法規則においても，文法規則がすべて手続きシステムで処理さ

れるわけではない。たとえば，英語の動詞には規則・不規則動詞がある。過去形を作る場合，規則動詞では屈折形態素"-ed"を語幹の後に付与する規則（たとえば play–played, visit–visited）が適用されるが，不規則動詞（たとえば，break–broke, take–took）は動詞ごとに例外として覚えなければならない。一定の規則に沿って変化する規則動詞は規則を適応する手続き的記憶システムを用いて処理されるが，不規則な動詞は語彙情報のように宣言的記憶システムを用いて処理されると言われている（Ullman, 1997, 2004）。このことを支持するデータとして，宣言的知識を司る側頭葉に損傷がある失語症患者や意味記憶の想起に障害があるアルツハイマー患者には，不規則動詞に関する間違いが多く現れることが知られている（Ullman, 1997）。不規則動詞は規則が適用できないため，語彙情報と同じように宣言的知識として記憶に覚えておく必要があるからであろう。一方，手続きシステムである前頭前野に損傷がある失語症患者や大脳基底核に損傷があるパーキンソン病の患者には，規則動詞の使用の際に間違いが多く出現すると報告されている（Ullman, 1997）。

つまり，語彙か，文法か，また文法においても規則性の有無によって，関与するシステムが異なるということである。規則性があり手続き化されたものは手続き的記憶システムで，説明ができ事実や内容として覚えなければならないものは宣言的記憶システムで処理される。

4. 手続き・宣言的記憶システムの関係

語彙などの知識の習得・処理は宣言的記憶システムが，規則の習得・処理は手続き的記憶システムがそれぞれ関与するが，両システムは互いに関連・影響しないのだろうか。ウルマンによれば，2つのシステムは互いに影響しあいながら学習や処理に関与しているとされている（Ullman, 2016; Ullman & Pullman, 2015）。以下，いくつかの例を挙げたい。

1つ目は，両方のシステムが同じ情報の処理に同時に関与する例である。たとえば，語彙を想起する課題を実施した場合，実際に語彙が保存されているのは宣言的記憶システムであっても，その語彙を想起・選択するために一連の手続き的処理に関連するシステムも必要となる。実際に語彙の想起課題を用いた多くの先行研究では，語彙処理に関連する側頭葉以外に，

意味想起の実行機能に関わる腹外側前頭前野などの活動が一緒に報告されている（e.g., Badre & Wagner, 2007）。

　2つ目の例は，両方のシステムが同じか，あるいは類似した知識の習得に同時に関わる場合である。初めて動詞の活用を学ぶ時を考えてみよう。まず，どの動詞に規則を適用するのかを分類して練習する必要がある。そのためには，動詞の語彙情報を取り出し，規則と不規則動詞を分類し覚えておかなければならない。その時の分類には語彙情報からのアクセスになるので，宣言的システムが関与するとされている（Paradis, 2009）。第二言語の文法学習においても学習段階によって異なるシステムが関与している可能性が報告されている。初期段階にはより宣言的記憶システムが関与し，経験を重ね上達することによって手続きシステムで処理できるようになることがその1つの例である（Opitz & Friederici, 2003）。特に，学習の初期段階において第二言語の文法知識を宣言的説明によって意識的に学ぶ場合は，文法説明を知識として保存する必要があり，宣伝的記憶システムが大いに関与すると言われている。

　3つ目は，2つのシステムが互いに補完する例である。脳内の損傷がある失語患者の場合，あるシステムが損傷した場合，他方のシステムで補完することが示されている（Packard, 2008）。たとえば，手続き的記憶システムの一部である大脳基底核を損傷した場合，最初にその知識を学習する際に関与した宣言的記憶システムを使って補うことが可能だからである。このことは，宣言的知識システムを用いて学習した知識が，たとえ，その知識が長い期間の練習を通して，手続き的記憶システムで処理されるようになったとしても，脳内で宣言的知識が失われない可能性を示唆している。このように，どの記憶システムがより関与するかは様々な場面や要因によっても変動する。言語情報の学習，処理，運用には2つのシステムは互いに協働，補完しながら関わっていると考えた方がよいだろう。

5. 第二言語の手続き・宣言的記憶システムの関与に影響する要因

　生まれてから暗示的方法で習得し，自動化された暗示的知識を持っている母語は，上述した通りに，文法知識の処理は手続き的記憶システムで，説明可能な語彙や不規則な文法知識は宣言的記憶システムで処理されると

言われている（Paradis, 2009; Ullman, 2001）。また，母語は第二言語よりも個人差も少なく，類似した言語処理が行われるとされている。一方，第二言語の場合はどうだろうか。特に第二言語を大人になってから学ぶ際には，暗示的・明示的知識の質や量に関しては，様々な要因が影響することが予想される。たとえば，学習段階によって変わるかもしれない。また，明示的学習か暗示的学習によって異なるかもしれない。さらに，学習対象言語と母語との類似・相違が影響するかもしれない。以下では，これらの要因に関して脳科学的手法を用いて検証した研究を紹介する。

5. 1　学習初期と後期では関与するシステムが変わるのか

オピッツとフリードリッチは，fMRI を用いて，どのような脳内神経基盤が文法学習の初期段階に関与するのかを検証した（Opitz & Friederici, 2003）。自然言語（我々が通常コミュニケーションで用いる言語）が持っている要素を組み合わせた人工言語を作り，25 名の成人学習者にそれらの規則を探し学習するように指示した。規則（文法）に関する明示的な説明は与えられず，参加者は規則を帰納的に学習した。学習とテストを 1 セットとして合計 5 セットを行い，すべての学習過程の脳活動を fMRI で測定している。テストでは，正しい文と間違った文が提示され，その文法性を判断するというものであった。判断に対して，正答・誤答のフィードバックは与えられている。学習が進むにつれどのように脳活動が変化するのか分析した結果，1 回目の学習の際に関与が高かったのは海馬で，逆に 5 回目で高い活動が検出されたのは左半球の下前頭回（left inferior frontal gyrus）であった。海馬は説明可能な宣言的知識を記憶する際に最も重要な領域の 1 つであり，左半球の下前頭回は言語運用に関与する手続き記憶システムとして分類される領域である。興味深いことに海馬は 1 回から 5 回に学習が進むにしたがって徐々に活動が減っていた。反対に，左下前頭回は徐々に活動が増えていく異なるパターンが検出された。つまり，文法規則を学習する初期段階では，インプットから関係性を結びつけて学習を促進する海馬が重要な役割を果たしていること，そして，徐々に学習が進むことで，規則学習に特化している左下前頭回が関与するようになるということである。このことは，学習が進むことによって宣言的記憶システムから手続き的記憶システムへの移行があったと言い換えることができるだ

ろう。

　さらに，オピッツとフリードリッチは，同じ人工言語を用いて，学習す
る対象を規則（rule-based item）と単語カテゴリー（similarity-based item）
条件に分け，fMRI 実験を行っている（Opitz & Friederici, 2004）。その結果，
規則条件のみ，学習が進むことで徐々に手続き的記憶システムの前頭前野
がより関与することが観察された。単語カテゴリー学習では前頭前野の活
動の上昇は見られなかった。これらの結果は，規則（文法）学習において
学習初期段階には海馬を中心とする宣言的知識システムが関与し，練習を
積み習熟度が高くなるにつれて手続き的記憶システムが文法処理に関与す
るというウルマンの第二言語における宣言的・手続きモデル（Declarative
/ procedural model）（Ullman, 2001）を支持する結果である。

5. 2　暗示的学習方法と明示的学習方法で形成される言語知識は
　　　異なる脳内システムで処理されるのか

　フォリアとピーターソンは，32 名の大学生を対象に，暗示的提示方法
で人工言語の規則を学習させる fMRI 実験を実施した（Folia & Peterson,
2014）。参加者には，fMRI の外で，提示される文字列が好きかどうかと
いう言語学習とはまったく関係のない課題を実施した。好きか嫌いかを判
断している間に，参加者は人工言語の規則を無意識的（暗示的）に学ぶか
もしれないという仮説である。このような方法は，脳科学研究でも数多く
行われる，暗示的文法学習能力を測定する方法である。学習課題は 5 日
間実施された。1 日の学習が終了したら，fMRI の中でテストが行われ，
その際の脳活動を測定している。脳活動は 1 日目と 5 日目の学習後の 2
回測定された。学習時にはすべて正しい規則のみを提示しているが，テス
ト時（fMRI で脳活動を測定する際）には正しい規則と間違った規則の両方
を提示し，正しい規則と間違っている規則を見分けることができるかを確
認している。学習初期（1 日目）と学習後期（5 日目）を比較した結果，学
習初期では広い範囲の前頭前野が，学習後期には左半球の下前頭回と大脳
基底核で有意な活動が検出された。これらの領域はすべて手続き的記憶に
関わるものである。一方，宣言的記憶システムの領域である内側側頭葉
は，すべての学習過程においてどの領域よりも活動が有意に下がる（deac-
tivation）現象が検出された。これらの結果を解釈すると，手続き的記憶シ

ステムが主に学習全過程に関与し，宣言的記憶システムには抑制がかかっているとも言える。この実験の結果は，規則に注意を向けさせることがない暗示的方法によって学ぶ場合，手続き的記憶システムが文法規則の習得と処理に関与することを示唆している。さらに，手続き的記憶システムと宣言的記憶システムが何らかの関与・抑制の相互作用をしながら，暗示的知識が習得されていることを示唆する結果であろう。

　明示的指導は宣言的知識をより形成させる働きがあるようだ。学習する情報に注意を呼びかけるだけでも宣言的知識の関与度は増加するとされている。4．1で紹介したオピッツとフリードリッチ（Opitz & Friederici, 2003, 2004）の研究では，文法に関する明示的な説明はしていないものの，規則を発見するように参加者に指示を与え，テスト時にもフィードバックを与えている。そのため，文法学習の初期には宣言的記憶システムである海馬が強く活動したと考えられる。

　最近のレビュー論文でも，これまでの脳イメージング研究を明示的指導と暗示的指導の要素で分け，脳活動の結果を比較している（Tagarelli et al., 2019）。その結果，文法習得において，両指導方法の共通領域として手続きシステムの一部である左半球の下前頭回が検出された。また，それぞれの指導方法から抽出した脳活動の推定値を直接比較すると，暗示的指導の方が手続きシステムの左半球の下前頭回をより強く活性化させていることがわかっている。さらに，暗示的指導の要素を取り入れ，学習者がまったく学習に注意を向けていないパラダイムを使っている研究のみ，手続きシステムの一部の領域で，さらに自動化や習慣形成に関与する大脳基底核の活動が検出されている。これらの結果から，指導方法が脳内言語知識形成に影響を与える重要な要因であることと言えるだろう。

5．3　学習対象言語と母語との類似・相違は影響するのか

　第二言語習得では母語と第二言語間の類似・相違によって転移が行われることが知られているが，脳内で第二言語を処理する際にもこの転移が現れることが報告されている。たとえば，母語にある文法知識が第二言語のそれと類似している場合，母語の暗示的知識を活用し，第二言語を処理することが可能である。韓国語と日本語は類似している文法形式を共有している。そのため，母語と同様の文法規則に関してはある程度学習が進め

ば，早い段階から母語処理と同様の手続きシステムを使い，日本語の文法を処理することが可能であることがわかっている（Jeong et al., 2007a, 2007b）。

　そのような考えから，筆者らは，母語と学習言語間の類似性が学習初期から学習が進むに当たってどのように変化するのかを検証する実験を行った（Ishinabe, Jeong et al., 2018）。この実験では，日本人を対象に，日本語と類似した人工言語と，相違点が多い人工言語を作成し，学習過程をfMRIで測定した。実験では同様の人工言語の語彙セットを用いて，日本語と同じ語順 SOV の類似言語と，異なる語順 VOS の相違言語を作成し，ランダムで分けた 2 つの学習者群に正しい文と図のペアを提示しながら，それぞれの言語規則を学習するように指示した。学習とテストをペアで 1 セット，合計 5 セット行わせた。脳活動は 1 セット目，2 セット目そして学習が完了する 5 セット目で測定した。

　類似言語と相違言語のそれぞれの学習時の脳活動を比較した結果，相違言語は学習が進むにしたがって左半球の下前頭回の活動が強くなったが，類似言語は大脳基底核の一部が強くなった。両方とも手続き的記憶システムを構成する脳領域であるが，それぞれの機能は異なる。下前頭回は文法処理や規則の分析に特化し，大脳基底核は習慣形成など自動化処理に関与する領域である。おそらく，母語と相違が多い言語の場合は異なる文法知識を習得するために下前頭回が活動し，母語と類似した言語は，すでに形成されている母語の暗示的知識を使い，より意識に登らない文法処理を行ったのではないだろうか。

　脳科学では学習のメカニズムを調べる多くの研究が人工言語を用いて検証を行っている。その理由は，短時間で高度なレベルまで到達することができ，かつ実験上様々な統制ができるからである。また，最近のレビュー論文でも，人工言語と自然言語を対象とした結果はそれぞれほぼ一致するという見解もなされている（Folia et al., 2010; Petersson et al., 2012）。もちろん，実際の学習言語を対象とした研究が今後必要であることは言うまでもない。

6. 日本人英語学習者の脳内の明示的・暗示的知識 ──fMRI を用いた実証研究からの知見

　本節では，日本人英語学習者の文法知識における暗示的・明示的知識と英語母語話者のそれとはどのように異なるのか，習熟度が上がるにつれて学習者の暗示的・明示的知識はどのように変化するのかを fMRI を用いて検証した筆者らの実験を紹介する（Jeong et al., 2015）。本研究では，第二言語を処理する際に，文法形式に焦点を向けられる課題と内容に注意を払わなければならない課題では用いられる知識の種類が異なると仮説を立て，実験を計画した。文の内容に焦点が向けられた事実判断テスト（Truth Value Judgment: TVJ）では，文法処理は暗示的になるため，手続き的知識を用いる可能性が高いと想定されている。一方，文法の間違いを探すことを目的とする文法性判断テストでは，学習によって覚えた宣言的記憶から明示的知識を取り出して処理が行われると仮定できる。さらに，母語話者の場合は，暗示的知識を持っているため，課題の種類にかかわらず，手続き的記憶に頼りながら文を処理すると仮説を立てた。

6. 1　実験方法
　実験には日本人の大学生 31 名と英語母語話者 27 名が参加した。日本人参加者は，平均 11 歳から学校教室活動を通して英語学習を開始している。日本人の参加者には実験当時の英語の習熟度を測定するために，語彙サイズテストを用いた（Nation & Beglar, 2007）。語彙テストの成績は参加者の習熟度が課題遂行中の脳活動にどのように現れるのかを確認するために使用した。実験には予備実験を通して，以下のような短い英文を 320 文準備した。それらの文を基にして，過去形，完了形，複数形，冠詞，前置詞，形容詞，副詞など様々な形態・統語的規則に関する誤りを含む非文を作成した。刺激で用いた例は以下の通りである。

○文法的に正しい文
　New Zealand is smaller than the United States.
○文法が間違っている非文
　*Ichiro is play a baseball in the USA.

fMRIで用いる実験課題は，文の内容が事実かどうかを判断する事実判断テストと，文が文法的に正しいかどうかを判断する文法性判断テストを用いた。両課題で正しい文と非文をランダムで提示した。事実判断テストでは，文の内容に焦点を当て判断してもらうため，非文か正文かに関して被験者に説明していない。一方，文法性判断テストでは，被験者に文法的に間違っているのかを判断するように指示した。事実判断テストで意識的に文法に焦点を当てることがないようにするために，課題の遂行順番は事実判断テストを遂行した後，文法性判断テストを行う順番で固定した。各被験者のそれぞれの課題遂行中の脳活動をfMRIで測定した。分析には，すべて正しく答えた文のみを対象とした。母語話者と学習者がそれぞれの課題で間違った文法を脳内でどのように処理するのかを検出するために，非文の処理に高い脳活動がある領域を求める分析を行った。また，母語話者と学習者の間で差がある脳領域はどこかを求めた。

6. 2　結果と考察

　脳データの分析の結果，母語話者は，両課題においても非文を処理する際，左半球の下前頭葉と大脳基底核の一部で高い活動が検出された（図2）。このことは，母語話者の場合，課題にかかわらず，手続き的記憶システムを用いて文法の間違いを処理していることを示唆している。

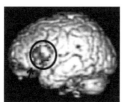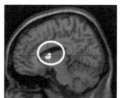

　　　　　左下前頭回　　　　　大脳基底核の尾状核
図2．英語母語話者の英文法処理時の脳活動

　一方，学習者の場合は，事実判断テストでは非文と正文では有意な脳活動の差は検出されなかった。言い換えれば，事実判断テストを行う際に非文と正文の違いはなく，被験者は非文に気づいていなかった可能性もある。事実判断テストを行う際には，文の意味に焦点を当て，内容が事実か

どうかを判断しなければならない。意味処理に注意を向けると，意識的処理を必要とする文法処理はできなかったと考えられる。このことは，本実験に参加した学習者が，母語話者のような無意識的に処理される暗示的知識を備えてないことを意味する。また，学習者は，文法に注意を向けて文法性判断テストを行う場合，母語話者と比べ，意識的にエラーをモニタリングする際に関与する前帯状皮質を活発に使っていることがわかった（図3）。実際に前帯状皮質は言語処理よりは注意の制御や認知制御一般に関与する領域で，明示的知識を取り出す際に必要なメタ認知機能で関与しているとされている（Abutalebi, 2013; Paradis, 2009）。このことから，日本人英語学習者は教室で学習した明示的文法知識を利用して文法を処理していることが示された。この結果を裏付けるように，学習者の英語の習熟度が高くなればなるほど，文法性判断テストを行う際に，宣言的記憶システムである海馬傍回の活動が高くなる結果も検出されている（図4）。

　本実験に参加した日本人英語学習者は，主に明示的知識を用いて英語の文法規則を処理していることが脳データから示された。暗示的知識が十分に発達していないため，本学習者は，母語話者のように手続き的記憶から文法知識を取り出すことが難しかったと考えられる。今後，学習者の知識を様々な課題で測定し，習熟度の変化によって脳内メカニズムがどのように現れるのかを検証する必要がある。また，明示的学習方法ではなく，暗示的学習方法によって第二言語を習得した場合，結果がどのように異なるのかについても研究が必要である。

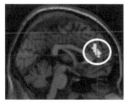
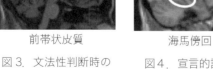

前帯状皮質　　　　　　海馬傍回　　　　　英語習熟度

図3. 文法性判断時の　　図4. 宣言的記憶システムと習熟度
　　　脳活動

7. まとめ

　本章では，まず，脳科学的アプローチによる手続き的記憶・宣言的記憶に関する先行研究を取り上げ，次いで第二言語の暗示的知識・明示的知識に関する実証的研究を紹介してきた。脳科学においては，失語症研究の蓄積されたデータから手続き的記憶と宣言的記憶に関連する神経基盤が区分されることが報告されている。さらに，近年科学技術の進歩により非侵襲的でかつ空間分解能が優れている fMRI の手法を用いることで手続き的記憶と宣言的記憶に関与する脳領域を特定できるようになり，質的な違いを検証することが可能となった。人工言語や自然言語の規則習得に関する fMRI 研究の成果から，規則の習得に関連する神経基盤が，徐々にではあるが，解明されている。さらに本章では，暗示的知識・明示的知識に関連する神経基盤は大脳皮質の表面だけではなく，脳の内部に位置する大脳基底核や海馬などがある大脳辺縁系が関与することも確認した。

　fMRI を用いた脳科学的アプローチは，今後，質的に異なる暗示的・明示的知識を測定するのに大いに貢献することが期待される。脳科学的アプローチによる研究は始まったばかりであり，蓄積された心理学や第二言語習得研究の理論と融合し，洗練された仮説のもとでさらなる実験パラダイムの構築が必要である。学習者の習熟度の変化，様々な課題の正答率や反応時間，学習者の適性など行動データと脳測定を組み合わせることにより，第二言語の暗示的・明示的知識の習得プロセスに関与する脳内メカニズムを明らかにすることにつながるだろう。最終的には，日常教室外で第二言語に触れることがない外国語環境の学習者であっても，高度な英語力を支える暗示的知識を育成する指導法の開発へとつながると期待している。

終章　今後の研究と教育的示唆

1. 本書のオリジナリティ

　本書は，第二言語の明示的知識と暗示的知識についての理論と研究について，体系的にまとめた今までに類を見ない極めてユニークな企画である。このテーマに類似する書籍（N. Ellis, 1994; Ellis et al., 2009; Rebschat, 2015）やレビュー（Ellis, 2004; Rebuschat, 2013）は英語でも出版されている。しかしながら，本書の特徴としては，書かれている言語が日本語である以外に，従来の書籍やレビュー（以下，「従来の研究」と表記）と一線を画する特徴として，主に5点ある。以下で，従来の研究と比較しつつ，これらの特徴を強調して特筆する。

　第1に，従来の研究は言語学の伝統的な手法（文法性判断テスト，誘導模倣）を多く扱っている。一方，本書は，近年のSLAや近接領域（認知心理学，脳科学）における研究成果を積極的に取り入れた研究を多く扱っている。たとえば，認知心理学で多用されている単語モニタリングテスト（第3章），自己ペース読みテスト（第3章），プライミング（第4章），ビッグデータを活用したマイクロステップ計測法（第7, 8章）等の手法を用いた研究を紹介されている。また，fMRIやEEG等の非侵襲的脳機能イメージングの手法を用いた研究（第9章）も紹介している。

　第2に，従来の研究は日本人や日本語を対象としたものがほとんどない。一方，本書は，日本人を研究対象とした研究成果を中心に取り上げている。たとえば，日本人の小学生を対象とした研究（第6章），日本人の中学生を対象とした研究（第5章），日本人大学生を対象とした研究（第4, 7, 8, 9章）が挙げられる。また，日本語の第二言語習得に関する研究も紹介している（第3章）。

　第3に，従来の研究は主に文法における明示的知識や暗示的知識を扱っている。一方，本書は，新たに語彙に関する研究（第4, 7, 8章）を扱っている。

　第4に，従来の研究は明示的・暗示的知識の長期的な習得プロセスを

扱ったものがほとんどない。一方，本書は，長期的な発達を視野に入れている研究を取り上げている。たとえば，語彙知識が1か月間でどのように発達していくのかを検証した研究（第7，8章）や文法知識が年単位でどのように発達していくのかを検証した研究（第5章）も取り上げている。

　第5に，従来の研究は明示的・暗示的知識と個人差の関係を扱ったものがほとんどない。一方，本書では，言語適性の研究（第3章）や動機づけの役割の研究（第7章）も取り扱っている。

　以上の5点に関して，本書は従来の書籍とは一線を画しており，（特に日本人の）第二言語習得における明示的・暗示的知識の習得プロセスの全体像の解明に一歩近づくことを目指している。

2. 今後の研究

　本書のユニークな点は，前述の通り，明示的知識と暗示的知識の測定方法として，言語学の伝統的な手法だけにとどまらず，認知心理学や脳科学の最新の手法を取り入れていることである。具体的には，単語モニタリングテスト，プライミング，自己ペース読みテスト，ビッグデータを活用したマイクロステップ計測法，fMRI等の脳測定装置等を使用している。これらの手法を用いることで，明示的知識と暗示的知識をより精緻に測定することが可能になってきたと言える。今後も，言語学者，認知心理学者および脳科学者等が協力して，これらの新しい手法を駆使した学際的研究が着実に増え続け，多角的かつ多面的な科学的研究が大きなうねりとなっていくことを切望する次第である。

　また，これらの手法には問題点がないわけではないことも注意しておかなければならない。たとえば，実験に使用されるテストや課題が，我々が日常的に行う言語使用とは大きく異なる点が挙げられる。単語モニタリングテストでは，文を単語ごとに学習者に提示しボタンを押させるだけである。このような言語行動は，実際の言語使用ではあり得ない。また，fMRIの装置の中で行うことができる言語処理にも限界がある。閉所に横たわり，機械が生み出す騒音の中で，1文を黙読しその文が文法的に正しいかをボタンを押して判断する課題が，現実の言語使用と非常にかけ離れていることは指摘するまでもない。しかし，明示的知識と暗示的知識を測

定すること自体が目的であったり，どの脳領域が明示的知識と暗示的知識を司っているのかを科学的により正確に測定することが目的であったりする場合，理にかなった方法であることに疑念の余地はない。今後も新しい研究手法を用いた精度の高い研究の結果が，より汎用性の高いものとなっていくことを強く願う次第である。

　本書では，これまでの SLA で主流である伝統的な課題やテスト（文法性判断テストや誘導模倣等）を用いた研究も取り上げてきた（第 3，5，6 章）。これらの手法は多くの研究で用いられており信頼性はあるものの，一方で様々な問題も指摘されている。たとえば，文法性判断テストは，文を提示しそこに誤りがあるかを意識的に判断させているため，意識できない暗示的知識の測定と本当になりえるのであろうか。また，誘導模倣は，文を聞いて内容の真偽を答えてから文を文法的に正しく繰り返すテストであるが，文の真偽が正しく行われない場合の繰り返しは，果たしてテストの反応として適切なのであろうか。これらの文法性判断テストや誘導模倣が現実の言語使用場面での処理とは異なることは指摘するまでもない。これらの方法論上の問題を扱う研究が増えることで，従来から多用されてきた手法の精緻化につながり，明示的知識と暗示的知識の研究が前進するものと思われる。

　これまでの明示的・暗示的知識に関する SLA は，上述したように，文法に関する研究がほとんどであり，長期的な発達を扱った研究や個人差（たとえば，言語適性，情意）を扱った研究はほとんど見られない。今後は，文法や単語以外の側面，たとえば，音声や語用論的能力（pragmatic competence）に関する明示的知識と暗示的知識の測定および習得の研究が急務であろう（R. Ellis & Roever, 2018）。また，明示的知識と暗示的知識の長期間におよぶ習得のプロセスやそのプロセスに個人差要因や情意がどのように関わっているのかを明らかにしていく研究も求められる。

3. 教育的な示唆

　研究上の様々な問題はあるものの，明示的・暗示的知識を測定することが徐々にではあるが可能になりつつある。この測定に関する研究がもたらす教育・指導上の効果として，以下の 3 点が考えられる。

最初に，暗示的知識が測定可能になったことは，教育上の示唆として，最も重要であると筆者らは考える。なぜなら，暗示的知識の習得が第二言語教育のゴールであると考える研究者や教員が多いからである。これは，研究者のみならず，教育現場の指導者もその重要性を深く認識しているものであり，研究成果へのニーズも極めて高いものと言える。それにもかかわらず，暗示的知識というのは，定義上，学習者はその存在を意識し実感することができないという特質を持っている。そのため，教師は暗示的知識の存在を学習者に示すことができない。暗示的知識の存在や，暗示的知識の習得プロセスを可視化することができるようになれば，日々の学習の効果を実感できずに悩んでいる学習者を勇気づけることにつながると筆者らは信じている。英語に触れることで言語（英語）知識は日々積み重なってはいるが，その存在を意識できない（しにくい）暗示的知識の習得プロセスを学習者に示すことができれば，学習の効果を実感することができるようになり，英語を学習する意欲が高まるのではないだろうか（詳細は第8章を参照）。

　第2の教育的示唆は，明示的・暗示的知識を測定する方法が確立してきたことによって，それらが実際の教育場面においても応用可能になったことである。最も簡便な方法は，明示的知識を測定するための（時間制限を設けない）文法性判断テストの利用であろう。文法性判断テストであれば，様々な文法項目を対象にして，一度に多くの学習者に実施することが可能である（第5章）。また，時間制限を設けることで，暗示的知識の測定も可能である。時間制限を設ける簡便な方法は，Power Point や Keynote 等で画面切り替えのタイミングを設定することであろう。さらに，誘導模倣も，様々な文法項目を対象にして，一対一のインタビュー形式で活用することで，暗示的知識の習得状況の確認が可能になるだろう。

　第3の教育的示唆は，明示的知識と暗示的知識の習得プロセスにおける要因（たとえば，言語適性，情意，学習対象項目）の役割がわかりつつあるため，教師が指導上，注意を払うべき点が明確になってきたことである。たとえば，暗示的知識の習得には時間がかかるため，学習意欲をいかに高め，維持していくのかといった工夫は欠かせない。上述の通り，暗示的知識が積み重なっている状況を学習者に目に見える形でフィードバックするという方法は一案であろう。また，文法項目によっては，暗示的知識

の習得が非常に困難なものもあり，その点では学習の成果をすぐに求めないことが重要である。たとえば，「先週やったよね？」，「1年生の時に習ったよね？」等の，教師が指導効果に即効性を求めるフィードバックは気をつけるべきだろう。そのような項目に関しては，むしろ，学習の効果が現れるまで気長に待ちつつ，明示的知識をより素早く使えるようにする言語活動を工夫することが得策と言える。

　英語教育研究者，認知心理学者，脳科学者が執筆した学際的な本書が，第二言語習得における明示的知識と暗示的知識の役割の解明に一翼を担うことができれば，幸いである。

参考文献

Abutalebi, J., Della Rosa, P. A., Ding, G., Weekes, B., Costa, A., & Green, D. W. (2013). Language proficiency modulates the engagement of cognitive control areas in multilinguals. *Cortex, 49,* 905–11.

Andringa, S., & Curcic, M. (2015). How explicit knowledge affects online L2 processing. *Studies in Second Language Acquisition, 37,* 237–268.

Badre, D., & Wagner, A.D. (2007). Left ventrolateral prefrontal cortex and the cognitive control of memory. *Neuropsychologia, 45,* 2883–2901.

Balota, D. A., Yap, M. J., Cortese, M. J., Hutchison, K. A., Kessler, B., Loftis, B., ... Treiman, R. (2007). The English Lexicon Project. *Behavior Research Methods, 39,* 445–459.

Bates, D., Mächler, M., Bolker, B., & Walker, S. (2015). Fitting linear mixed-effects models using lme4. *Journal of Statistical Software, 67,* 1–48.

Bialystok, E. (2001). *Bilingualism in development: Language, literacy, and cognition.* Cambridge University Press.

Bird, S. (2010). Effects of distributed practice on the acquisition of second language English syntax. *Applied Psycholinguistics, 31,* 635–650.

Bley-Vroman, R. (1989). What is the logical problem of foreign language learning? In S. M. Gass., & J. Schachter (Eds.), *Linguistic perspectives on second language acquisition* (pp. 41–68). Cambridge University Press.

Boulton, A., & Cobb, T. (2017). Corpus use in language learning: A meta-analysis. *Language Learning, 67,* 348–393.

Bowles, M. A. (2011). Measuring implicit and explicit linguistic knowledge: What can heritage language learners contribute? *Studies in Second Language Acquisition, 33,* 247–271.

Breitenstein, C., Jansen, A., Deppe, M., Foerster, A. F., Sommer, J., Wolbers, T., & Knecht, S. (2005). Hippocampus activity differentiates good from poor learners of a novel lexicon. *NeuroImage, 25,* 958–968.

Cabeza, R., & Ohta, N. (1993). Dissociating conceptual priming, perceptual priming and explicit memory. *European Journal of Cognitive Psychology, 5,* 35–53.

Canale, M., & Swain, M.（1980）. Theoretical bases of communicative approaches to second language teaching and testing. *Applied Linguistics*, *1*, 1–47.

Celce-Murcia, M., & Larsen-Freeman, D.（1999）. *The grammar book: An ESL/ EFL teacher's course*（2nd ed.）. Heinle ELT.

Choi, S., Kim, J., & Ryu, K.（2014）. Effects of context on implicit and explicit lexical knowledge: An event-related potential study. *Neuropsychologia*, *63*, 226–234.

Cohen. M. A., Horowitz. T. S., & Wolfe. J. M.（2009）. Auditory recognition memory is inferior to visual recognition memory. *Proceedings of the National Academy of Sciences*, 106, 6008–6010.

Cronbach, L. J.（1957）. The two disciplines of scientific psychology. *American Psychologist*, *12*, 671–684.

Deci, E. L., & Ryan, R. M.（2000）. The "what" and "why" of goal pursuits: Human needs and the self-determination of behavior. *Psychological Inquiry*, *11*, 227–268.

DeKeyser, R.（2003）. Explicit and Implicit Learning. In C. Doughty., & M. H. Long（Eds.）, *The handbook of second language acquisition*（pp. 313–348）. Blackwell.

DeKeyser, R. M.（2015）. Skill Acquisition Theory. In B. VanPatten., & J. Williams（Eds.）, *Theories in second language acquisition: An introduction*（2nd ed.）（pp. 94–112）. Routledge.

DeKeyser, R. M.（Ed.）.（2007）. *Practice in a second language: Perspective from applied linguistics and cognitive psychology*. Cambridge University Press.

Dörnyei, Z.（2005）. The psychology of the language learner: Individual differences in second language acquisition. Routledge.

Ebbinghaus, H.（1885）*Über das Gedächtnis : Untersuchungen zur experimentellen Psychologie*. Dunker und Humbolt.（エビングハウス, H. 宇津木 保（訳）（1978）. 記憶について－実験心理学への貢献 誠信書房）

Elgort, I.（2011）. Deliberate learning and vocabulary acquisition in a second language. *Language Learning*, *61*, 367–413.

Elgort, I., & Piasecki, A. E.（2014）. The effect of a bilingual learning mode on the establishment of lexical semantic representations in the L2. *Bilingualism: Language and Cognition*, *17*, 572–588.

Elgort, I., & Warren, P.（2014）. L2 vocabulary learning from reading: Explicit and tacit lexical knowledge and the role of learner and item variables. *Language*

Learning, 64, 365-414.

Elgort, I., Perfetti, C. A., Rickles, B., & Stafura, J. Z. (2015). Contextual learning of L2 word meanings: Second language proficiency modulates behavioural and event-related brain potential (ERP) indicators of learning. *Language, Cognition and Neuroscience, 30,* 506-528.

Ellis, N. (Ed). (1994). *Implicit and explicit learning of languages.* Academic Press.

Ellis, R. & Loewen, S. (2007). Confirming the operational definitions of explicit and implicit knowledge in Ellis (2005). Responding to Isemonger. *Studies in Second Language Acquisition, 29,* 119-126.

Ellis, R. (2005). Measuring implicit and explicit knowledge of a second language: A psychometric study. *Studies in Second Language Acquisition, 27,* 141-172.

Ellis, R. (2006). Modeling learning difficulty and second language proficiency: The differential contributions of implicit and explicit knowledge. *Applied Linguistics, 27,* 431-463.

Ellis, R. (2009). Measuring implicit and explicit knowledge of a second language. In R. Ellis., S. Loewen., C. Elder., R. Erlam., J. Philp., & H. Reinders (Eds.), *Implicit and explicit knowledge in second language learning, testing and teaching* (pp. 31-64). Multilingual Matters.

Ellis, R., Loewen, S., Elder, C., Erlam, R., Philp, J., & Reinders, H. (2009). *Implicit and explicit knowledge in second language learning, testing and teaching.* Multilingual Matters.

Folia, V., & Petersson, K. (2014). Implicit structured sequence learning: an fMRI study of the structural mere-exposure effect. *Frontiers in Psychology, 5*:41.

Folia, V., Uddén, J., Vries, M., Forkstam, C., & Petersson, K. (2010). Artificial language learning in adults and children. *Language Learning, 60 (s2),* 188-220.

Friederici, A. (2011). The brain basis of language processing: from structure to function. *Physiological Reviews, 91,* 1357-1392.

Graf, P., & Schacter, D. L. (1985). Implicit and explicit memory for new associations in normal and amnesic subjects. *Journal of Experimental Psychology: Learning, Memory, and Cognition, 11,* 501-518.

Graf, P., Squire, L. R., Mandler, G., (1984). The information that amnesic patients do not forget. *Journal of Experimental Psychology: Learning, Memory, and Cognition, 10,* 164-178.

Granena, G. (2016). Cognitive aptitudes for implicit and explicit learning and information-processing styles: An individual differences study. *Applied Psycholinguistics, 37,* 577–600.

Gutiérrez, X. (2013). The construct validity of grammaticality judgement tests as measures of implicit and explicit knowledge. *Studies in Second Language Acquisition, 35,* 423–449.

Hayman, G., & Tulving, E. (1989). Contingent dissociation between recognition and fragment completion: The method of triangulation. *Journal of Experimental Psychology: Learning, Memory, and Cognition, 15,* 228–240.

Hintzman, D. L. (1974). Theoretical implications of the spacing effect. In R. L. Solso (Ed.), *Theories in cognitive psychology: The Loyola Symposium* (pp. 77–99). Lawrence Erlbaum Associates.

Hoyer, W. J., & Lincourt, A. E. (1998). Aging and the development of learning. In M. A. Stadler & P. Frensch (Eds.), *The handbook of implicit learning* (pp. 445–470). Sage.

Hulstijn, J. H. (2002). Towards a unified account of the representation, processing, and acquisition of second language knowledge. *Second Language Research, 18,* 193–223.

Isbell, D. R., & Rogers, J. (2021). Measuring implicit and explicit learning and knowledge. In P. Winke., & T. Brunfaut (Eds.), *The routledge handbook of second language acquisition and language testing* (pp. 304–313). Routledge.

Isemonger, I. M. (2007). Operational definitions of explicit and implicit knowledge: Response to R. Ellis (2005) and some recommendations for future research in this area. *Studies in Second Language Acquisition, 29,* 101–118.

Ishinabe, H., Jeong, H., Ikeda, S., Nozawa, T., Sakaki, K., Sugiura, M., & Kawashima, R. (2018). *Neural signature of cross-linguistic influence in L2 learning.* Poster presented at the 10th Annual Meeting of Society for the Neurobiology of Language, Quebec City, Canada.

Izumi, S., & Lakshmanan, U. (1998). Learnability, negative evidence and the L2 acquisition of the English passive. *Second Language Research, 14,* 62–101.

Jeong, H., Ellis, R., Suzuki, W., Kashkouli Nejad, K., Thyreau, B., Magistro, D., Yokoyama, S., & Kawashima, R. (2015). An fMRI study on implicit and explicit second language knowledge modulated by task types and proficiency level. *Proceedings of The 17th Annual International Conference of the Japanese Society for Language Sciences* (pp. 162–163).

Jeong, H., Sugiura, M., Sassa, Y., Haji, T., Usui, N., Taira, M., Horie, K., Sato, S., & Kawashima, R. (2007). Effect of syntactic similarity on cortical activation during second language processing: A comparison of English and Japanese among native Korean trilinguals. *Human Brain Mapping, 28*, 194–204.

Jeong, H., Sugiura, M., Sassa, Y., Yokoyama, S., Horie, K., Sato, S., Taira, A., & Kawashima, R. (2007b). Cross-linguistic influence on brain activation during second language processing: An fMRI study. *Bilingualism: Language and Cognition, 10*, 175–187.

Karpicke, J. D., & Bauernschmidt, A. (2011). Spaced retrieval: Absolute spacing enhances learning regardless of relative spacing. *Journal of Experimental Psychology: Learning, Memory, and Cognition, 37*, 1250–1257.

Komatsu, S., & Ohta, N. (1984). Priming effects in word-fragment completion for short- and long-term retention intervals. *Japanese Psychological Research, 26*, 191–200.

Krashen, S. (1989). We acquire vocabulary and spelling by reading: Additional evidence for the Input Hypothesis. *The Modern Language Journal, 73*, 440–464.

Krashen, S. D. (1981). *Second language acquisition and second language learning*. Pergamon.

Krashen, S. D. (1982). *Principles and practice in second language acquisition*. Pergamon.

Krashen, S. D. (1985). *The input hypothesis: Issues and implications*. Longman.

Krashen, S.D. (2003). *Explorations in language acquisition and use*. Heinemann.

Kutas, M., & Hillyard, S. (1980). Reading senseless sentences: Brain potentials reflect semantic incongruity. *Science, 207*, 203–205.

Laufer, B. (2005). Instructed second language vocabulary learning: The fault in the 'default hypothesis'. In A. Housen., & M. Pierrard (Eds.), *Investigations in instructed second language acquisition* (pp. 286–303). Mouton de Gruyter.

Lightbown, P. M., & Spada, N. (2013). *How languages are learned* (4th ed.). Oxford University Press.

Long, M. (1996). The role of the linguistic environment in second language acquisition. In W. Ritchie., & T. Bhatia (Eds.), *Handbook of second language acquisition* (pp. 413 468). Academic Press.

Long, M. (2015). *Second language acquisition and task-based language teaching*. Wiley-Blackwell.

Long, M. H. (1983). Does second language instruction make a difference? A review of research. *TESOL Quarterly, 17,* 359–82.

Mackey, A., & Philp, J. (1998). Conversational interaction and second language development: Recasts, responses, and red herrings? *The Modern Language Journal, 82,* 338–356.

McGeoch, G. O. (1931). The intelligence quotient as a factor in the whole-part problem. *Journal of Experimental Psychology, 14,* 333–358.

McLaughlin, J., Osterhout, L., & Kim, A. (2004). Neural correlates of second-language word learning: Minimal instruction produces rapid change. *Nature Neuroscience, 7,* 703–704.

McNamara, T. P. (2005). *Semantic priming: Perspectives from memory and word recognition.* Psychology Press.

Nakata, T. (2015). Effects of expanding and equal spacing on second language vocabulary learning: Does gradually increasing spacing increase vocabulary learning? *Studies in Second Language Acquisition, 37,* 677–711.

Nakata, T., & Elgort, I. (2018). Effects of spacing on contextual vocabulary learning. Paper presented at the Japan Second Language Acquisition Research Forum 2nd Meeting.

Nakata, T., & Webb, S. (2016). Does studying vocabulary in smaller sets increase learning? The effects of part and whole learning on second language vocabulary acquisition. *Studies in Second Language Acquisition, 38,* 523–552.

Nation, I. S. P. (2013). *Learning vocabulary in another language* (2nd ed.). Cambridge University Press.

Nation, I. S. P., & Beglar, D. (2007). A vocabulary size test. *The Language Teacher, 31,* 9–13.

Nation, I. S. P., & Webb, S. (2011). *Researching and analyzing vocabulary.* Heinle Cengage Learning.

Nickerson, R. S., & Adams, M. J. (1979). Long-term memory for a common object. *Cognitive Psychology, 11,* 287–307.

Nishiyama, M. (2017). Long-term Memory for Moving Stimuli. *Paper Presented at the 11th International Conference on Cognitive Science* (Taipei, Taiwan), 76–77.

Nishiyama, M., & Kawaguchi, J. (2014). Visual long-term memory and change blindness: Different effects of pre-and post-change information on one-shot change detection using meaningless geometric objects. *Consciousness and cognition, 30*, 105-117.

Ohta, N.（2002）. The need for a lifespan developmental approach within memory research is more urgent than ever. In P. Graf., & N. Ohta（Eds.）, *Lifespan development of human memory*（pp. 3-12）. MIT Press.

Ohta, N.（1992）. Development of implicit and explicit memory in children. Proceeding of the 22nd international congress of applied psychology, vol.2 Lawrence Erlbaum Associates.

Opitz, B., & Friederici, A. D.（2003）. Interactions of the hippocampal system and the prefrontal cortex in learning language-like rules. *NeuroImage, 19*, 1730-1737.

Packard, M. G.（2008）. Neurobiology of procedural learning in animals. In J. H. Byrne（Ed.）, *Concise learning and memory: The editor's selection*（pp. 341-356）. Elsevier Science & Technology Books.

Packard, M.G., & Knowlton, B.J.（2002）. Learning and memory functions of the basal ganglia. *Annual Review of Neuroscience, 25*, 563-593.

Paradis, M.（1994）. Neurolinguistic aspects of implicit and explicit memory: implications for bilingualism. In N. Ellis（ed.）, *Implicit and explicit learning of second languages*（393-419）. Academic Press.

Paradis, M.（2004）. *A neurolinguistic theory of bilingualism*. John Benjamins.

Paradis, M.（2009）. *Declarative and procedural determinants of second languages*. John Benjamins.

Petersson, K. M., Folia, V., & Hagoort, P.（2012）. What artificial grammar learning reveals about the neurobiology of syntax. *Brain and Language, 120*, 83-95.

Pienemann, M.（1989）. Is language teachable?: Psycholinguistic experiments and hypotheses. *Applied Linguistics, 10*, 53-79.

Pienemann, M.（1998）. *Language processing and second language development: Processability theory*. John Benjamins.

Pienemann, M.（Ed.）（2005）. *Cross-linguistic aspects of processibility theory*. John Benjamins.

Read, J.（2004）. Plumbing the depths: How should the construct of vocabulary knowledge be defined? In P. Bogaards. & B. Laufer（Eds.）, *Vocabulary in a second language: Selection, acquisition and testing*（pp. 209-227）. John Benjamins.

Rebuschat, P.（2013）. Measuring implicit and explicit knowledge in second language research. *Language Learning, 63*, 595-626.

Reeve, J., Deci, E., & Ryan, R. (2004). Self-determination theory: A dialectical framework for understanding sociocultural influences on student motivation. In D. M. McInerney., & S. Van Etten (Eds.), Big theories revisited (pp. 31–60). Information Age Press.

Roediger, H. L., & McDermott, K. B. (1993). Implicit memory in normal human subjects. In Boller, F., & Grafman, J. (Eds.), *Handbook of Neuropsychology* (Vol. 8, pp. 63–131). Elsevier.

Sakai, H. (2004). Testing the validity of processability theory: An analysis of English utterances by Japanese university students. *ARELE, 15*, 11–20.

Sakai, H. (2008). An analysis of Japanese university students' oral performance in English using processibility theory. *System, 36*, 534–549.

Sakai, H. (2015). *Do recasts provide second language learners with negative evidence?* (Doctoral dissertation). Available from ProQuest Dissertations and Theses database (UMI No. 3719462)

Schmidt, R. W. (1990). The role of consciousness in second language learning. *Applied Linguistics, 11*, 129–158.

Schmitt, N. (2000). *Vocabulary in language teaching.* Cambridge University Press.

Seibert, L. C. (1932). *A series of experiments on the learning of French vocabulary.* The Johns Hopkins Press.

Serrano, R., & Huang, H.-Y. (2018). Learning vocabulary through assisted repeated reading: How much time should there be between repetitions of the same text? *TESOL Quarterly, 52*, 971–994.

Skehan, P. (1998). *A cognitive approach to language learning.* Oxford University Press.

Sloman, S. A., Hayman, C. A. G., Ohta, N., Law, J., & Tulving, E. (1988). Forgetting in primed fragment completion. *Journal of Experimental Psychology: Learning, Memory, and Cognition, 14*, 223–239.

Sonbul, S., & Schmitt, N. (2013). Explicit and implicit lexical knowledge: Acquisition of collocations under different input conditions. *Language Learning, 63*, 121–159.

Squire, L. R., & Zola, S. M. (1996). Structure and function of declarative and nondeclarative memory systems. Proceedings of the National Academy of Sciences. *93*, 13515–22.

Suzuki, Y. (2017). Validity of new measures of implicit knowledge: Distinguishing implicit knowledge from automatized explicit knowledge. *Applied Psycholinguistics, 38*, 1229–1261.

Suzuki, Y., & DeKeyser, R. (2017). Effects of distributed practice on the proceduralization of morphology. *Language Teaching Research, 21*, 166–188.

Suzuki, Y., & DeKeyser, R. M. (2015). Comparing elicited imitation and word monitoring as measures of implicit knowledge. *Language Learning, 65*, 860–895.

Suzuki, Y., & DeKeyser, R. M. (2017). The interface of explicit and implicit knowledge in a second language: Insights from individual differences in cognitive aptitudes. *Language Learning, 67*, 747–790.

Tagarelli, K., Shattuck, K., Turkeltaub, P., & Ullman, M. (2019). Language learning in the adult brain: A neuroanatomical meta-analysis of lexical and grammatical learning. *NeuroImage, 193*, 178–200.

Tode, T. (2003). A study on the learning stages of the English progressive by Japanese junior high school students: Based on processability theory. *ARELE, 14*, 21–30.

Trofimovich, P., & John, P. (2011). When three equals tree. In P. Trofimovich & K. McDonough (Eds.), *Applying priming methods to L2 learning, teaching and research: Insights from psycholinguistics* (pp. 105–129). John Benjamins.

Trofimovich, P., & McDonough, K. (2011). *Applying priming methods to L2 learning, teaching and research: Insights from psycholinguistics*. John Benjamins.

Tulving, E. (1995). Organization of Memory: Quo Vadis? In M. S. Gazzaniga (Ed.), *The Cognitive Neurosciences* (pp. 839–847). MIT Press.

Tulving, E., Schacter, D. L., & Stark, H. A. (1982). Priming effects in word-fragment completion are independent of recognition memory. *Journal of Experimental Psychology: Learning, memory, and cognition, 8*, 336–342.

Tulving, E. (1972). Episodic and semantic memory. In E. Tulving and W. Donaldson (Eds.), *Organization of memory* (pp. 382–403). Academic Press.

Tulving, E., & Schacter, D. L. (1990). Priming and human memory systems. *Science, 247,* 301–306.

Tulving, E., Schacter, D. L., & Stark, H. (1982). Priming effects in word-fragment completion are independent of recognition memory. *Journal of Experimental Psychology: Human Learning and Memory, 8*, 336–342.

Ullman M. T. (2001). The neuronal basis of lexicon and grammar in first and second language: The declarative/procedural model. *Bilingualism: Language & Cognition, 4*, 105–122.

Ullman, M. T.（2004）. Contributions of memory circuits to language: The declarative/procedural model. *Cognition, 92*, 231–270.

Ullman, M. T.（2016）. The declarative/procedural model: A neurobiological model of language learning, knowledge and use. In G. Hickok., & S. A. Small （Eds.）, *The neurobiology of language* （pp. 953–968）. Elsevier.

Ullman, M. T., & Pullman, M.Y.（2015）. A compensatory role for declarative memory in neurodevelopmental disorders. *Neuroscience and Biobehavioral Reviews, 51*, 205–222.

Ullman, MT., Corkin, S., Coppola, M., Hickok, G., Growdon, JH., Koroshetz, WJ., & Pinker, S.（1997）. A neural dissociation within language: evidence that the mental dictionary is part of declarative memory, and that grammatical rules are processed by the procedural system. *Journal of Cognitive Neuroscience, 9*, 266–276.

Vafaee, P., Suzuki, Y., & Kachinske, I.（2017）. Validating grammaticality judgment tests: Evidence from two new psycholinguistic measures. *Studies in Second Language Acquisition, 39*, 59–95.

VanPatten, B.（1996）. *Input processing and grammar instruction: Theory and research*. Ablex.

Wakabayashi, S.（1997）. *The acquisition of functional categories by learners of English*. Unpublished Ph. D. Dissertation, University of Cambridge.

White, L.（1989）. *Universal grammar and second language acquisition*. John Benjamins.

White, L.（1998）. Second language acquisition and Binding Principle B: Child/adult differences. *Second Language Research, 14*, 425–439.

入江　恵（2008）．英語学習動機づけ研究：L2 セルフシステム理論とその応用　紀要．桜美林英語英米文学研究, *48*, 33–48.

入戸野宏（2005）．心理学のための事象関連電位ガイドブック　北大路書房

浦田貴子・柏木賀津子・中田葉月・井手眞理（2014）．コミュニケーション能力の素地から基礎へと結ぶ小中連携リンクユニットの創造―事例学習と規則学習の繋がりを通して―　*JES Journal, 14*, 244–259.

上田紋佳・鈴木　渉・佐久間康之・寺澤孝文（2016）．e-learning による英単語学習における成績のフィードバックが動機づけに及ぼす影響―大学生の動機

づけスタイルによる検討―（日本教育心理学会第 58 回総会，517）

上田紋佳・寺澤孝文（2008）．聴覚刺激の偶発学習が長期インターバル後の再認実験の成績に及ぼす影響　認知心理学研究, *6*, 35-45.

上田紋佳・寺澤孝文（2010）．間接再認手続きによる言語的符号化困難な音列の潜在記憶の検出　心理学研究, *81*, 413-419.

内野駿介（2019）．小学 5, 6 年生の文法知識―文法性判断課題, メタ言語知識課題の結果から―　*JES Journal, 19*, 162-177.

内野駿介（2021）．小学 6 年生の文法知識の発達―文中の入れ替え可能な語に関する知識に着目して―　*JES Journal, 21*, 143-158.

江口朗子（2020）．模倣発話課題と文法性判断課題による小学 5 年生の英語の統語構造に関する知識の測定―結果に影響を与える要因分析―　*JES Journal, 20*, 304-319.

太田信夫（1988）．長期記憶におけるプライミング―驚くべき潜在記憶（implicit memory）―心理学評論, *31*, 305-322.

太田信夫（2008）．記憶の心理学　日本放送出版協会

太田信夫（編）（1999）．特集：潜在記憶　心理学評論, *42*.

太田信夫・厳島行雄（編）（2011）．現代の認知心理学 2　記憶と日常　北大路書房

太田信夫・寺澤孝文・ロベルト　カベザ（1993）．成人における潜在記憶と顕在記憶の差異　日本老年社会学会第 35 回大会報告要旨集, *174*.

太田信夫・小松伸一（1983）．異なる刺激表記条件での priming 効果の検討―単語完成課題の場合．―日本教育心理学会第 25 回大会発表論文集, 612-613.

太田信夫・多鹿秀継（2000）．記憶研究の最前線　北大路書房

岡田　涼・中谷素之（2006）．動機づけスタイルが課題への興味に及ぼす影響　教育心理学研究, *54 (1)*, 1-11.

奥野由紀子（2003）．上級日本語学習者における言語転移の可能性―「の」の過剰使用に関する文法性判断テストに基づいて―　日本語教育, *116*, 79-88.

神谷信廣（2017）．第 4 章　話す活動と文法指導―フィードバック　鈴木　渉（編）実践例で学ぶ第二言語習得研究に基づく英語指導（pp. 45-62）．大修館書店

木村　恵・金谷　憲（2006）．英語の句構造に対する日本人中学生の理解度調査―「導入」から「定着」までの時差を特定する試み　関東甲信越英語教育学会研究紀要, *20*, 101-112.

木村　恵・金谷　憲・小林美音（2010）．日本人中学生の英語名詞句構造の理解過程―縦断的調査による実態把握と判別力の検証　関東甲信越英語教育学会

研究紀要, *24*, 61-72.

佐久間康之・鈴木　渉・西山めぐみ・上田彩佳・寺澤孝文（2016）．語彙力の長期的発達と情意要因の関係　全国英語教育学会第42回埼玉研究大会予稿集, 40-41.

櫻井茂男（2009）．自ら学ぶ意欲の心理学―キャリア発達の視点を加えて　有斐閣

鹿毛雅治（2013）．学習意欲の理論―動機づけの教育心理学　金子書房

島田勝正（2010）．文法性判断テストにおける問題文提示時間制限の有無と明示的・暗示的知識　英米評論, *24*, 41-53.

白畑知彦（編著），若林茂則・須田孝司（著）（2004）．英語習得の「常識」「非常識」―第二言語習得研究からの検証―　大修館書店

鈴木祐一（2017）．第12章　指導の評価―スキル学習理論の観点から　鈴木　渉（編）実践例で学ぶ　第二言語習得研究に基づく英語指導（pp. 169-183）　大修館書店

鈴木　渉（2016）．社会文化的アプローチに基づく第二言語習得研究―最新の研究動向と教育的示唆―　第二言語としての日本語の習得研究, *19*, 82-97.

鈴木　渉（2017）．第二言語習得研究における明示的知識と暗示的知識の測定方法―文法性判断から，確信度，認知神経科学的手法まで―　宮城教育大学外国語研究論集, *9*, 33-42.

鈴木　渉・佐久間康之・西山めぐみ・上田紋佳・寺澤孝文（2017）．第二言語の長期的習得プロセス―毎日の短時間オンライン英単語学習の効果―　全国英語教育学会第43回島根研究大会予稿集.

鈴木　渉・佐久間康之・西山めぐみ・上田紋佳・寺澤孝文（2018）．授業外短時間学習の効果―縦断的大規模実践―　全国英語教育学会第44回京都研究大会予稿集.

竹形理佳・古塚　孝（1993）．知覚プライミング課題による精神遅滞者の潜在記憶の検討　教育心理学研究, *41*, 176-182.

寺澤孝文（2012）．学習と動機づけ　田山・須藤（編著）基礎心理学入門（pp. 162-182）　培風館

寺澤孝文（2015）．教育ビッグデータの大きな可能性とアカデミズムに求められるもの　コンピュータ＆エデュケーション, *38*, 28-38.

寺澤孝文・太田信夫・吉田哲也（2007）．マイクロステップ計測法による英単語学習の個人差の測定　風間書房

寺澤孝文（1997）．再認メカニズムと記憶の永続性　風間書房

寺澤孝文（2001）．第5章　記憶と意識 ―どんな経験も影響はずっと残る―

森　敏昭（編著）認知心理学を語る第 1 巻　おもしろ記憶のラボラトリー（pp. 101-124）　北大路書房

寺澤孝文（2008）．NINTENDO DS 用英単語学習ソフトを用いた学習効果測定実験の成果　日本教育心理学会第 50 回総会発表論文集，S81.

寺澤孝文（2015）．教育ビッグデータの大きな可能性とアカデミズムに求められるもの　コンピュータ＆エデュケーション，*38*，28-38.

寺澤孝文（2016）．教育ビッグデータから有意義な情報を見いだす方法―認知心理学の知見をベースにした行動予測―　教育システム情報学会誌，*33*，67-83.

寺澤孝文・岩本真弓（2008）．不登校児の学習意欲を高めるマイクロステップ学習支援　日本認知心理学会第 6 回発表論文集，4.

寺澤孝文・吉田哲也・太田信夫（2008）．英単語学習における自覚できない学習段階の検出　教育心理学研究，*56*，510-522.

寺澤孝文・高木伸也・寺前謙治・原　健二（2007）．テストの測定精度を飛躍的に高める新しい測定技術―任天堂 DS 用英単語学習ソフトによる実証研究―　日本テスト学会第 5 回大会発表論文集，122-125.

寺澤孝文・太田信夫（1993）．単語の再認記憶に及ぼす先行経験の長期的効果　心理学研究，*64*，343-350

寺澤孝文・太田信夫・吉田哲也（2007）．マイクロステップ計測法による英単語学習の個人差の測定　風間書房

寺澤孝文・辻村誠一・松田　憲（1997）．人は無意味なパターン情報を 2 ヵ月間保持できるか　日本心理学会第 61 回大会発表論文集，828.

中石ゆう子（2005）．縦断的発話データに基づく対のある自他動詞の習得研究：「きまる―きめる」「かわる―かえる」の使用状況から　広島大学大学院教育学研究科紀要．第二部，文化教育開発関連領域，*53*，311-318.

西山めぐみ・土師大和・寺澤孝文（2015）．学習効果のフィードバックが学習意欲に及ぼす影響：マイクロステップ測定法を用いた学習支援　日本教育心理学会総会発表論文集，*57*，463.

西山めぐみ・益岡都萌・田中優貴・牛　司策・寺澤孝文（2018）．2 秒に満たない学習で語彙力は確実に伸びていく　日本心理学会第 82 回大会発表論文集，940.

西山めぐみ・寺澤孝文（2013）．未知顔の潜在記憶―間接再認手続きによる長期持続性の検討　心理学研究，*83*，526-535.

西山めぐみ・寺澤孝文・三宅貴久子・古本温久（2014）．学習回数と学習タイミングが四字熟語の習得に及ぼす影響：連続学習事態における学習効果の縦断

的評価　日本教育心理学会第 56 回総会発表論文集，390.

西山めぐみ・寺澤孝文・矢地晴彦・三宅貴久子・古本温久（2012）．学習回数と
　　タイミングが漢字の読みの習得に及ぼす影響：連続学習事態における学習効
　　果の縦断的評価　日本教育心理学会第 54 回総会発表論文集，507.

西山めぐみ・鶴田真理・寺澤孝文（2015）．動きの記憶の長期持続性〜間接再認
　　手続きを用いた検討〜　日本心理学会第 79 回大会発表論文集，805.

西山めぐみ・土師大和・寺澤孝文（2015）．学習効果のフィードバックが学習意
　　欲に及ぼす影響：マイクロステップ測定法を用いた学習支援　日本教育心理
　　学会第 57 回総会発表論文集，463.

日本認知心理学会（編）（2013）．認知心理学ハンドブック　有斐閣

廣森友人（2015）．英語学習のメカニズム—第二言語習得研究にもとづく効果的
　　な勉強法　大修館書店

福田純也（2018）．外国語学習に潜む意識と無意識　開拓社

松村昌紀（編）（2017）．タスク・ベースの英語指導—TBLT の理解と実践　大
　　修館書店

益岡都萌・西山めぐみ・寺澤孝文（2017）．無意味図形の長期記憶現象　日本心
　　理学会第 81 回大会発表論文集，469.

三宅貴久子・寺澤孝文（2011）．評価と一体化した真の指導・支援をめざして
　　日本テスト学会第 9 回大会発表論文抄録集，30–31.

物井尚子・矢部やよい・折原俊一（2015）．外国語活動を経験した児童の語順に
　　関する理解度調査　千葉大学教育学部研究紀要，*63*, 85–94.

文部科学省（2012a）．*Hi, friends! 1*　東京書籍

文部科学省（2012b）．*Hi, friends! 2*　東京書籍

安井　稔（1996）．改訂版英文法総覧　開拓社

矢地晴彦・寺澤孝文（2011）．マイクロステップ計測技術の漢字書き取り学習へ
　　の応用：書字練習回数が学習効果に与える影響　日本教育心理学会第 53 回
　　総会発表論文集，268.

吉田拓也・寺澤孝文（2011）．1000 語の英単語を覚えるためには何カ月必要か？
　　日本テスト学会第 9 回大会発表論文抄録集，26–29.

索引

執筆者一覧

※（ ）内は執筆箇所，＊は編者

＊鈴木　渉（終章）

宮城教育大学大学院教育学研究科教授。トロント大学オンタリオ教育研究所博士課程修了。博士（第二言語教育学）。専門は英語教育学と第二言語習得。

著書に Languaging in language learning and teaching（John Benjamins）がある。

＊佐久間　康之（終章）

福島大学人間発達文化学類教授。筑波大学大学院修士課程教育研究科修了。修士（教育学）。専門は英語教育学と心理言語学。

編著書に「英語教育学と認知心理学のクロスポイント」（北大路書房）がある。

＊寺澤　孝文（終章）

岡山大学学術研究院教育学域教授。筑波大学大学院博士課程心理学研究科修了。博士（心理学）。専門は認知心理学，教育工学，データサイエンス。

著書に『高精度教育ビッグデータで変わる記憶と教育の常識 ―マイクロステップ・スケジューリングによる知識習得の効率化―』（風間書房）がある。

上田　紋佳（第7章）

北里大学一般教育部研究員。兵庫教育大学大学院連合学校教育学研究科修了。博士（学術）。専門は教育心理学と臨床心理学。

著書に『記憶心理学と臨床心理学のコラボレーション』（共著，北大路書房）がある。

内野　駿介（第 6 章）

北海道教育大学教育学部札幌校准教授。東京学芸大学大学院博士課程連合学校教育学研究科単位取得満期退学。修士（教育学）。専門は英語教育学と第二言語習得。

論文に「小学 6 年生の文法知識の発達―文中の入れ替え可能な語に関する知識に着目して―」（*JES Journal*）がある。

浦野　研（第 2 章）

北海学園大学経営学部教授。ハワイ大学第二言語研究科博士課程中退。修士（第二言語としての英語）。専門は第二言語習得と英語教育。

著書に『はじめての英語教育研究―押さえておきたいコツとポイント』（共著，研究社）がある。

太田　信夫（第 1 章）

東京福祉大学心理学部教授。名古屋大学大学院教育学研究科博士課程単位修得満了。教育学博士。専門は認知心理学と学習心理学。

監修に『心理学と仕事シリーズ（全 20 巻）』（北大路書房）がある。

酒井　英樹（第 5 章）

信州大学学術研究院教育学系教授。テンプル大学大学院博士課程修了 Doctor of Education。専門は英語教育学と第二言語習得。

論文に "An analysis of Japanese university students' oral performance in English using Processability Theory"（*System*）がある。

鄭　嫣婷（第 9 章）

東北大学大学院国際文化研究科准教授。東北大学国際文化研究科博士課程後期修了。博士（神経言語学）。専門は言語習得の脳内メカニズム。

論文に "Neural mechanisms of language learning from social contexts"（*Brain and Language*）がある。

鈴木　祐一（第3章）

神奈川大学国際日本学部准教授。メリーランド大学カレッジパーク校第二言語習得研究科修了。博士（第二言語習得）。専門は第二言語習得と英語教育。

著書に『高校英語授業における文法指導を考える—「文法」を「教える」とは？』（共著，アルク）がある。

中田　達也（第4章）

立教大学異文化コミュニケーション学部准教授。ウェリントン・ヴィクトリア大学言語学・応用言語研究専攻博士課程修了。博士（応用言語学）。専門は第二言語習得（特に語彙の習得）。

著書に『英単語学習の科学』（研究社）がある。

西山　めぐみ（第8章）

人間環境大学人間環境学部准教授。名古屋大学大学院環境学研究科博士後期課程満期退学。博士（心理学）。専門は認知心理学と教育心理学。

論文に"Visual long-term memory and change blindness: Different effects of pre- and post-change information on one-shot change detection using meaningless geometric objects."（*Consciousness and Cognition*）がある。

<ruby>外<rt>がい</rt></ruby><ruby>国<rt>こく</rt></ruby><ruby>語<rt>ご</rt></ruby><ruby>学<rt>がく</rt></ruby><ruby>習<rt>しゅう</rt></ruby>での<ruby>暗<rt>あん</rt></ruby><ruby>示<rt>じ</rt></ruby><ruby>的<rt>てき</rt></ruby>・<ruby>明<rt>めい</rt></ruby><ruby>示<rt>じ</rt></ruby><ruby>的<rt>てき</rt></ruby><ruby>知<rt>ち</rt></ruby><ruby>識<rt>しき</rt></ruby>の<ruby>役<rt>やく</rt></ruby><ruby>割<rt>わり</rt></ruby>とは<ruby>何<rt>なに</rt></ruby>か
© Suzuki Wataru, Sakuma Yasuyuki & Terasawa Takafumi, 2021

NDC375／xi, 173p／21cm

初版第 1 刷────2021 年 9 月 10 日

編　者────<ruby>鈴木<rt>すずき</rt></ruby>　<ruby>渉<rt>わたる</rt></ruby>・<ruby>佐久間康之<rt>さくまやすゆき</rt></ruby>・<ruby>寺澤孝文<rt>てらさわたかふみ</rt></ruby>
発行者────鈴木一行
発行所────株式会社 大修館書店
　　　　　　〒113-8541 東京都文京区湯島 2-1-1
　　　　　　電話 03-3868-2651（販売部）03-3868-2294（編集部）
　　　　　　振替 00190-7-40504
　　　　　　[出版情報] https://www.taichukan.co.jp

装丁者────────CCK
印刷所────────壮光舎印刷
製本所────────ブロケード

ISBN 978-4-469-24647-6　Printed in Japan